ANTONINO ESPOSITO

MEIN ITALIEN – MEINE KÜCHE

ANTONINO ESPOSITO

MEIN ITALIEN – MEINE KÜCHE

Fotografie: Michael Wissing

AT Verlag

Wer einmal mit meinem Vater am Herd gestanden und mit ihm gemeinsam gekocht hat, erhält ein eindrückliches Bild, das nur schwer in Worte zu fassen und noch schwerer in aller Kürze zu erklären ist. Ich möchte es dennoch versuchen, weil es so faszinierend zu beobachten ist und zugleich so viel über ihn erzählt, ja in vielerlei Hinsicht für sich selbst spricht. Die Sorgfalt und die Behutsamkeit, die Ruhe und die Gelassenheit, mit der mein Vater den Produkten und den Rohwaren begegnet, wie er sie putzt und verarbeitet, wie er sie zubereitet und auf den Tellern anrichtet, das alles ist von spürbarem Respekt und unübersehbarer Hingabe begleitet. Das macht ihn aus und führt mir immer wieder vor Augen, dass die Liebe zur Heimat und zu deren Esskultur für meinen Vater untrennbar mit seiner Leidenschaft für das Metier zusammengehört. Von Ursprünglichkeit und Klarheit bestimmt, führt er in seiner Küche aus, was ihm als ureigener Anspruch am Herzen und in der Persönlichkeit liegt: die Produkte in ihrer Natur mit unverfälschtem Geschmack zur vollen Entfaltung zu bringen – und dabei ist ihm weniger oft mehr. So hat er seine für mich unverwechselbare kulinarische Handschrift nach eigenem Anspruch geprägt – und wer ihn kennt, versteht ihn selbst, sein Wesen und seinen Charakter darin zu sehen. Er weiß die Klarheit auf den Punkt zu bringen, er hat ein untrügliches Gespür dafür, ohne je zu viele Worte darüber zu verlieren. Gelassen in sich ruhend, zurückhaltend und leise, bei der Arbeit ganz bei sich selbst – aber stets mit einem Funkeln in den Augen und einem erfüllten Lächeln um die Mundwinkel: Es macht ihm die größte Freude, für unsere Gäste wie für die Familie und Freunde zu kochen – und es macht wahrlich Freude, ihm dabei zur Seite zu sein und zuzusehen. Was ich dabei gelernt habe, bedeutet mir viel. Toni, ich danke dir von Herzen dafür!

Diana

INHALT

»Antonino, wir sollten ein schönes Buch zusammen machen« – mit diesem schlichten und kurzen Satz hat alles angefangen. Zunächst habe ich ihn gelassen beiseitegeschoben und mit einem lächelnden Schweigen geantwortet – doch da kannte ich den Fotografen Michael Wissing schlecht. Er hat zwar für eine ganze Weile Ruhe gegeben, und ich wähnte mich in Sicherheit, aber tatsächlich abgelassen von der Idee hatte er nicht.

»Also gut«, habe ich irgendwann klein beigegeben, »machen wir das« – und so ist dieses Werk entstanden. Es hat mich auf eine Reise durch meine Geschichte und meine Heimat, zu meinen Wurzeln und zu den Ursprüngen meiner Koch- und Genussleidenschaft geführt. Michael hat uns gut eineinhalb Jahre regelmäßig in unserem Restaurant La Vigna besucht, wir sind gemeinsam auf Spurensuche gegangen und haben die schönsten Erinnerungen und Erlebnisse, Bilder und Rezepte für Sie zusammengetragen.

Entdecken Sie die Küche Italiens – a modo mio: Auf meine Art!
Ich hoffe, Sie finden Genuss und vor allem viel Freude daran …

BH
Hotel Bellavista

»Kennst du das Land, wo die Zitronen blühn, im dunklen Laub
die Gold-Orangen glühn …«
Goethe/Mignon

CAMPANIA FELIX – GLÜCKLICHES LAND

Traumhafte Landschaft und schroffes Felsgestein, gepflegte Felder, Pinienwälder und Olivenbäume, Zitronen-, Mandarinen- und Orangenhaine – satt und saftig in allen Grüntönen aneinandergereiht: Das ist meine Heimat, das ist Kampanien. Wohl kaum eine andere Region in Italien ist von der Natur so großzügig bedacht und so reich beschenkt worden. Nicht ohne Grund trägt sie den Namen Campania felix – glückliches Land. Und das trifft auch auf die Menschen zu, die hier stets von einer wohltuend gelassenen Fröhlichkeit sind. Sie reden, lachen und singen gerne, verstehen sich auf das Feiern und auf das Genießen. Oder sagen wir so: Sie verstehen sich auf das Leben – dank Genügsamkeit und *allegrìa*. Diese Heiterkeit, diese Lebensfreude, sie ist ansteckend und schwingt überall mit. Hier kommt man mit sehr wenigem aus; das mag wie ein kleiner Widerspruch klingen, zeigt sich jedoch in vielen Aspekten des kampanischen Lebens – und besonders eindrücklich in der Küche.

Sie ist einfach und schlicht, konzentriert sich auf das Wesentliche und macht im Allgemeinen keinen großen Aufwand. Man schätzt das unverfälscht Bodenständige – ofenfrisches Brot, einige Tropfen gutes Olivenöl und eine zerdrückte Tomate genügen oft schon für eine bekömmliche Mahlzeit. Anstelle von Fleisch werden gern Fisch und Meerestiere serviert, denn die gibt es an der Küste reichlich, Pizza und Pasta sowieso, traditionell alles von Hand gemacht. Hinzu kommt rund um das Jahr eine nahezu endlose Fülle an frischem Gemüse, sonnengereiften Früchten und Obst. Die satte, dunkle Lavaerde ist fruchtbar und bringt alles in einzigartig aromatischer Qualität hervor. Hier bin ich geboren und aufgewachsen; mein Heimatort ist Sorrent. Ein beschauliches Städtchen, das in wunderschöner Lage auf einer gestreckten Tuffsteinterrasse über weißen Steilklippen direkt am Wasser liegt. Es wird von den imposanten Felsen eines Kalksteingebirges umgeben, die Atmosphäre und das Lebensgefühl sind von der Fischerei und der Nähe zum Meer geprägt. Solange meine Eltern noch lebten, sind wir mindestens zweimal im Jahr dorthin gefahren, die Olivenernte galt lange als fester Termin. Die Besuche sind heute seltener geworden, aber ganz davon lassen werden wir sicher nie; die Sehnsucht treibt uns immer wieder, die Familie ist groß und die Bande sind stark.

An diesen für mich so besonderen Ort meiner Kindheit und Jugendzeit haben wir uns also diesmal mit einem speziellen Auftrag begeben, uns auf ganz andere Art darauf eingelassen und nach dem Geheimnis der Faszination gesucht. In Begleitung meiner Frau, mit Michael und seiner Kamera bin ich Sorrent neu begegnet, habe mit ihnen Freunde und Bekannte getroffen und die Zeit Revue passieren lassen. Davon soll ich ein wenig erzählen, hat man mir gesagt …

Seit Jahrzehnten in Familienbesitz – Le Zendraglie in Neapel.

Die Region um Neapel ist für ihren Mozzarella di Bufala weltbekannt und wird auch gern das Land der verwöhnten Büffel genannt. Die Milch der mächtigen schwarzen Tiere hat einen angenehm nussigen Geschmack.

MOZZARELLA DI BUFALA CAMPANA

KINDHEIT, LEHR- UND WANDERJAHRE IN SORRENT

Wir waren zehn Kinder, fünf Brüder und fünf Schwestern: Pasquale, Giuseppe, Antonino, Vittorio, Salvatore, Teresa, Maria, Rosa, Agata, Elena. Ich bin als fünfter, genau in der Mitte geboren. Meine Eltern hatten nicht viel, aber sie hatten sich, und wir hatten uns. Meine Mutter Rosina, genannt Ro, hat alles zusammengehalten und uns die meiste Zeit allein versorgt. Auf engstem Raum, ohne Kühlschrank, ohne Strom und ohne fließendes Wasser im Haus. Das hat sie mit dem Blechkanister von der Quelle geholt und dafür den steinigen Weg ins Tal auf sich genommen. Hinunter und wieder hinauf, die schwere Last auf dem Kopf balancierend. Das war oft beschwerlich, aber sie hat es mit bewundernswerter Kraft und unermüdlichem Eifer getragen. Es war einfach so, sie hat es angenommen, meine Mutter war eine stille Macherin. Sie hat nie viele Worte darüber verloren; sie hat in sich geruht und die Stärke aus sich selbst heraus geschöpft. Was blieb ihr auch anderes übrig? Das Geld war knapp, die Runde groß und der Tisch meistens voll besetzt. Da hat es viel Gemüse gegeben, Pasta und Eintopf, frische Früchte, getrocknete Feigen und Nüsse. Hin und wieder auch Fisch und Schweinefleisch. Gerochen hat es immer vorzüglich, und geschmeckt hat es wunderbar.

Nach fünf Jahren Grundschule war ich selbst gefordert, mehr war nicht zu bezahlen, und es ging hinaus ins Leben. Landwirtschaft, Gastronomie und Hotellerie boten sich an, dieser Weg schien mir vorgegeben. Zunächst hatte ich ganz simple Hilfsarbeiten in der Küche zu verrichten, so ist es eine ganze Weile gegangen, bis ich mit siebzehn Jahren meine erste richtige Anstellung im Vela Bianca bekam. Der Weg dorthin hat eine volle Stunde gekostet, von neun Uhr in der Früh bis halb elf nachts wurde gearbeitet. Wenn ich heim kam, war es dunkel, ich war hundemüde und total verschwitzt. Teller waschen, Fisch und Gemüse putzen, das kupferne Kochgeschirr mit Zitrone polieren und die Küche aufräumen, das war hart, aber ich habe diese Arbeit gemocht und sie hat mir viel gegeben. Später habe ich mitgekocht, den Herd mit Holzkohle befeuert, endlose Meter Pasta handgezogen und pausenlos frische Platten belegt. Eines Tages hat Küchenchefin Rachele mich zu sich gerufen; sie hatte tags zuvor eine riesige Kasserolle mit Tomatenragout auf Rindfleischbasis zubereitet. »Schau dir das an, wie herrlich sich jetzt das Fett absetzt!« Dafür konnte sie sich begeistern, ein solcher Anblick hat sie zum Strahlen gebracht – und mich auch, darin waren wir uns einig. Diesen Respekt, die Achtung vor dem Lebensmittel, habe ich mir stets bewahrt. Von Rachele habe ich gelernt, diese Arbeitsweise auch umzusetzen, bewusst und mit Bedacht mit Esswaren umzugehen, alles auf den Geschmack zu geben und ihn nicht zu verfälschen.

CHEZ BLACK
PIZZERIA
boutique Anna Passerotti
RISTORANTE LE TRE SORELLE DAL 1953
BLUE EYES
MAN WOMAN FASHION
NOLEGGIO GOMMONI E BARCHE
RENT BOAT AND RUBBER BOAT
SI ORGANIZZANO ESCURSIONI E GITE PERSONALIZZATE.
WE ORGANIZE EXCURSIONS AND PERSONALIZED TOURS.
Box Biglietteria Molo Spiaggia Grande
Casa Cosenza
residence
ristorante
La Pergola
Buca di Bacco
bar
THE WINE SHOP
Alimentari
Grocery
Since 1890
Lotions & Soaps
VILLA LA TARTANA
30 MT
089 812193
Jackpot
Roulette-Slot-VLT
ALBERGO
COVO DEI SARACENI
RISTORANTE
Golosità Gastronomiche
CAPRICCI
Trattoria Pizzeria Take Away
LUCIBELLO
POSITANO
CAPRI
Regular Fast Ferry Service
EXCURSION - TRANSFER
PRIVATE TOUR
WATER TAXI
GASTRONOMIA
BAR SALA GIOCHI
La Brezza
net art cafè
RAPHAEL

VON CAPRI IN DAS MARKGRÄFLERLAND

Im Jahr 1959 hat mich meine Schwester nach Capri geholt; sie arbeitete dort in einem sehr guten Haus als Zimmermädchen, und es wurde ein Hilfskoch gesucht. Als ich die Stelle bekam, konnte ich nicht ahnen, welche Bedeutung dieser Schritt einmal für mich haben würde: Im Hotel Bella Vista begegnete ich Signora Elena Gargiulo, die mich so sehr beeindruckt und nachhaltig geprägt hat. Eine elegante und kleine, aber sehr bestimmte Person. Eine Süditalienerin, wie sie im Buche steht: goldene Sandalen an den Füßen, sorgfältig lackierte Nägel, die Haare gepflegt zusammengebunden, oft auch aufgesteckt. Die Söhne Guido und Sergio führen das Hotel heute noch, und die Signora ist mittlerweile 104 Jahre alt.

Bei ihr bin ich schnell zum Küchenchef aufgestiegen, das hat sich so ergeben; als Chefin hat sie die Einkäufe übernommen und sie war allein – ihr Mann war Schiffskapitän. Hier wurde bereits etwas anspruchsvoller und feiner gekocht; neben dem üblichen Fisch hatten auch Wachteln, Tauben und Kaninchen gelegentlich ihren Platz in der Speisefolge. Vieles ist mir davon geblieben, manches bereite ich bis heute unverändert zu. So habe ich zwei eindrucksvolle Sommer verbracht; im Winter, wenn die Saison zu Ende war, ging es nach Hause zum Helfen in der Landwirtschaft. Rüben schneiden, Zitronen und Orangen pflücken, Gemüse und Oliven ernten. Mit den schweren Säcken auf dem Rücken stiegen wir die Steilhänge hinab zur Ölmühle, und am Abend kamen wir alle beim Essen zusammen. Die langen Tage steckten uns in den Knochen, doch bei Tisch war es selten still. Die Familie galt immer viel, aber jeder musste selbst für sich sorgen. »Und, hast du was gelernt?«, hat da der Vater gefragt, und ich habe in heller Begeisterung von einem falschen Hasen, einem köstlichen Hackbraten mit Ei, berichtet. »Und, kannst du das?«, hat er entgegnet, da musste ich passen: »Nein, noch nicht, aber sicher ganz bald!« Und wie groß war die Freude, als ich dieses feine Gericht das allererste Mal zu Hause aus dem Ofen hervorholte, wie glücklich war ich, dass es mir gelungen war.

Bald darauf hieß es Abschied nehmen von Italien, und ich bin meinem Bruder Vittorio nach Deutschland gefolgt. Hier musste ich wieder von vorn anfangen, war Mädchen für alles und mir für nichts zu schade: Hauptsache, ich konnte jede freie Minute in der Küche verbringen. In den Jahren darauf habe ich die Stellen regelmäßig gewechselt und bin mit jeder neuen Erfahrung etwas weiter aufgestiegen. Ich war neugierig und wollte mich weiterentwickeln; so bin ich viel herumgekommen und war unter anderem am Bodensee und in Oberstdorf, in Noordwijk in Holland und in der Schweiz in St. Moritz, bevor ich im Markgräflerland meine zweite Heimat gefunden und mir den Traum vom eigenen Restaurant verwirklicht habe.

Atemberaubend das Licht und die Farben, traumhaft der Blick auf das offene Meer: Capri – hier lässt es sich in pittoresker Landschaft und in beschaulichen Örtchen vortrefflich Leben und mit allen Sinnen genießen!

PIANO DI SORRENTO – IMMER WIEDER EIN ERLEBNIS

»Un po' macchiato, per favore!« – das ist einer meiner häufigsten Sätze, wenn ich in Italien bin. Und es ist eine Überzeugung, denn kleine »Tomatenfleckchen« bereichern nahezu jedes Gericht. Die Goldäpfel spielen in der neapolitanischen Küche die wichtigste Rolle und sind mir unverzichtbar in meiner Küche. Sie sind mein liebstes Gemüse, wohl auch aufgrund ihrer fröhlichen, tiefroten Farbe, ganz sicher jedoch, weil ich praktisch zwischen Tomaten aufgewachsen bin. Es gibt sie in vielen verschiedenen Sorten und Formen – und sie haben bei mir immer Saison. Sind sie nicht frisch zur Hand, finden sie eingekocht Verwendung. Ob große fleischige Ochsenherzen – Cuore di bue, sonnengereifte Piennolos, schmackhafte San-Marzanos oder kleine saftige Pomodorinis: Nirgends entfalten sie ihr Aroma und ihre Süße so vollendet wie in der Region rings um den Vesuv.

Genoa-Gila, avanti
Fiorentina-Bovo sì
ARMATA DI MARE
per Adebayor

AUF SPURENSUCHE AN DER GRÜNEN KÜSTE

Ein dampfender Teller Spaghetti Vongole war das Erste, was wir uns nach unserer Ankunft in Sorrent gegönnt haben, direkt am Hafen, einen frischen Wind um die Nase und die Sonne angenehm warm im Gesicht. Schon Stunden vorher hatten wir uns darauf gefreut, ebenso wie auf vieles andere hier: auf liebgewonnene Freunde, alte Bekannte und die unverstellte, unprätentiöse Art der Menschen, ihre Ursprünglichkeit. Das Licht und die Farben, die Aromen und Düfte, die Märkte und die unglaublich vielen kleinen Geschäfte, in denen man stundenlang stöbern und immer wieder nur staunen kann, was sich alles dem Auge auftut und entdeckt werden will.

Wir haben die Büffelfarm von Antonio Palmieri in Pestum besucht und den sahnig, weichherzigen Mozzarella verkostet. Und wir haben in der legendären Tripperia & Trattoria Le Zendraglie in Neapel den traditionellen Ochsenkopf gegessen, den es früher auf allen Dorffesten gab. Eine volkstümliche und sehr schmackhafte Delikatesse, die mit Salz aus dem Ochsenhorn bestreut und aus der Hand gegessen wird. Wir sind durch Zitronen- und Orangenhaine gewandert, haben Märkte, Käsereien und Bauern besucht und unzählige Espressi und einige Gläser Wein und Limoncello getrunken. Die Vergangenheit ist mir überall gegenwärtig geworden und hat manches bewusster gemacht. All diese Eindrücke, die Erfahrungen und Erlebnisse meiner Kindheit, die Lehr- und Wanderjahre in diesem begnadeten Landstrich haben mich und meine Küche gefärbt und geformt. Das war natürlich nichts Neues, ich habe das immer gewusst, doch man geht mit anderen Augen durch die Welt, wenn man mit der Kamera unterwegs ist, wenn man einen Fotografen dabei hat, der viele Dinge auf seine Weise und aus anderem Blickwinkel sieht: Michael geht meistens ganz nah an die Dinge heran, versucht ihre Seele und ihren verborgenen Charakter zu erfassen. Das ist ein wenig so, wie ich es seit jeher mit den Produkten und Zutaten in meiner Küche mache. Ich lasse mich auf sie ein, und ich setze alles daran, den vollen Geschmack aus ihnen herauszukitzeln, um meinen Gästen zu zeigen, was in ihnen steckt. Man braucht einen Zugang, um sie zu verstehen und richtig zubereiten zu können. Man darf sich nicht verkünsteln, Kochen ist kein Selbstzweck, Kochen ist etwas Natürliches und Elementares. Das muss einer der geheiligten Grundsätze bleiben. Wer den beherzt, hat etwas ganz Wesentliches verstanden. Das ist meine Philosophie, daran halte ich fest und dafür stehe ich: naturbelassene Produkte, deren Reife und Eigenart man sofort auf der Zunge schmeckt. Geschmacklich vortreffliche Kompositionen – aber klar und niemals überfrachtet, perfekt angerichtet, aber schnörkellos, gradlinig, frei von bloßem Dekor und Chichi.

ANGEKOMMEN IM HEUTE – BEI UNS IM LA VIGNA IN LAUFEN.

Das erste eigene Restaurant habe ich 1977 in Oberweiler eröffnet; es war die Erfüllung eines Traums – aber er war noch nicht vollständig ausgereift. Die Küche war gut, die Eltern von Sterneköchin Douce Steiner waren regelmäßige Gäste, und es gab schon so feine Dinge wie Gänseleber, Flusskrebse und Wildhasen. Aber es fehlte noch etwas – mein anderer Teil, den ich in meiner nicht in Worte zu fassen wunderbaren Frau gefunden habe. Das Leben hat einige Umwege genommen, aber wir sind gemeinsam ans Ziel gekommen. Seit über zwanzig Jahren leben und arbeiten wir nun zusammen, und das La Vigna ist unser Lebenswerk. Ein feines kleines Restaurant mit 28 Plätzen, persönlichem Charme und unaufdringlichem Stil. Ich lebe mich in der Küche aus, meine Frau umsorgt die Gäste und sorgt für alles Schöne. Alles hier trägt ihre Handschrift, und ich bewundere es sehr. Ich bin bei mir und wir sind bei uns angekommen, angekommen im Heute, aber wir haben noch einiges vor …

LA VIGNA

FRÜHLING

Die Farbe des Frühlings ist Grün – knackig und frisch strebt alles mit gebündelter Kraft heraus. Die Natur erwacht aus ihrem Winterschlaf, streckt junge Triebe und zarte Spitzen hervor, und wir werden köstlich von ihr beschenkt. Spargel, Erbsen und Bohnen haben jetzt in Italien Saison und werden lange schon freudig erwartet. Obgleich in der dunklen, satten Vulkanerde Kampaniens das ganze Jahr über unzählige Sorten an Gemüse und Obst gedeihen, ist diese Zeit doch stets etwas ganz Besonderes. Der für die Region typische grüne Spargel, dessen schlanke Stängel kaum dicker als ein kleiner Finger sind, wird ohne die klassischen Dämme über der Erde angebaut und wächst an der Küste häufig noch wild. Der ohnehin nussig-würzige Geschmack ist dann noch eine Spur kräftiger, zuweilen leicht bitter, aber nicht unangenehm. Schlicht in Salzwasser blanchiert und mit Zitrone beträufelt oder kurz in Olivenöl geschwenkt, entwickelt er sein sehr feines Aroma am besten.

INSALATA DI POLPO

OKTOPUSSALAT

1 ganzer Polpo, etwa 600–800 g
2 l Wasser
⅛ l Essig
Meersalz
200 g festkochende Kartoffeln
1 Bund glatte Petersilie
2 Stängel Staudensellerie
2 EL Zitronensaft
8 EL Olivenöl
Pfeffer aus der Mühle
2 EL Taggiasca-Oliven
1 EL kleine Kapern

Den Polpo sehr gut waschen. Das Wasser mit Essig und Meersalz zum Kochen bringen und den Polpo etwa 45–60 Minuten darin köcheln lassen. Den Topf dabei nur halb zudecken. Dann die Probe mit einer Gabel machen: Lässt sich der Polpo gut einstechen, ist er gar. Den Polpo kalt abschrecken und dabei die violette Haut leicht abrubbeln.

In der Zwischenzeit die Kartoffeln in der Schale weich kochen. Die Petersilie fein hacken, den Staudensellerie schräg in feine Scheiben schneiden.

Für die Marinade Zitronensaft, Olivenöl, Salz und Pfeffer in eine Schüssel gut verrühren. Oliven, Kapern, Petersilie und Sellerie zugeben. Die noch lauwarmen Kartoffeln schälen und würfeln. Die Fangarme des Polpo in Stücke schneiden und mit den Kartoffeln in die Marinade geben.

TIPP

Wer Knoblauch liebt oder es gern scharf mag, kann zusätzlich 2 Knoblauchzehen und 1 getrockneten Peperoncino (Chilischote) in feine Scheiben schneiden und dazugeben.

»Wer Oktopus mit zähem oder gar gummiartigem Fleisch assoziiert oder bisher nur diese Erfahrung gemacht hat, sollte einen neuen Versuch wagen: Richtig zubereitet, wird diese kleine Krake ganz zart und weich.«

VELLUTATA AL CERFOGLIO

KERBELSUPPE

1 kleine Schalotte
40 g Butter
40 ml Weißwein
400 ml Hühnerbrühe
200 g Crème fraîche
2 Eigelb
100 ml Rahm (Sahne)
Salz und Cayennepfeffer
1 Bund Kerbel

Die Schalotte schälen, sehr fein schneiden und in 10 g Butter kurz anbräunen. Den Weißwein, die Hühnerbrühe und die Crème fraîche zugeben und etwa 8 Minuten kochen lassen.

Die Eigelbe mit dem Rahm verrühren, in die kochende Brühe geben und sofort vom Herd ziehen. Mit Salz und Cayennepfeffer abschmecken. Den Kerbel zupfen und zusammen mit der restlichen Butter zugeben. Die Suppe mit dem Pürierstab aufschäumen.

TIPP

Kerbel ist unglaublich vielseitig und verleiht Suppen, Saucen und Salaten ein feines Frühlingsaroma. Das feinfiedrige Kraut schmeckt leicht lieblich und nach Anis. Zum Einfrieren oder Trocknen ist es wenig geeignet, am besten entfaltet es seinen besonderen Geschmack frisch gezupft.

PUNTE DI ASPARAGI VERDI

GRÜNE SPARGELSPITZEN

600 g grüne Spargelspitzen
8 EL Olivenöl
1 TL Puderzucker
Salz und Pfeffer aus der Mühle
80 g Parmesan
2 EL Balsamico

Die Spargelspitzen etwa 3 Minuten in Salzwasser abkochen. Dann kalt abschrecken und auf einem Küchentuch abtrocknen. 2 Esslöffel Olivenöl in einer Pfanne erhitzen, die Spargelspitzen hineingeben, den Puderzucker darüberstreuen und mit Salz und Pfeffer würzen. Je nach Größe der Spitzen etwa 2–3 Minuten garen.

Den Parmesan hobeln. Den Balsamico mit den restlichen 6 Esslöffeln Olivenöl mischen, mit Salz und Pfeffer abschmecken und über die noch lauwarmen Spargelspitzen träufeln. Abschließend die Parmesanhobel darüberstreuen.

TIPP

Grunen Spargel muss man nicht schälen; die holzigen Enden sollte man aber grundsätzlich abschneiden.

»Eines meiner Lieblingsrezepte, weil es so vortrefflich schmeckt, obgleich es so unschlagbar schnell und einfach ist. Die Vorliebe für die grünen Aromen ist mir bis heute geblieben, auch wenn mir Kaiserstuhl und Markgräflerland als traditionelle Anbaugebiete des weißen Spargels zur zweiten Heimat geworden sind.«

ASPARAGI AL FORNO

SPARGEL AUS DEM OFEN

1,6 kg weißer Spargel
4 EL Olivenöl
Salz und Pfeffer aus der Mühle
1 Zitrone, Saft
100 ml Weißwein
4 Zweige Zitronenthymian
12 Scheiben Parmaschinken

Den Backofen auf 180 Grad vorheizen.

Den Spargel großzügig schälen. Eine feuerfeste Form mit der Hälfte des Olivenöls ausstreichen, den rohen Spargel hineingeben und mit Salz und Pfeffer würzen.

Den Zitronensaft mit dem Weißwein und den restlichen 2 Esslöffeln Öl zu einer Marinade verrühren und über den Spargel gießen. Die Zitronenthymianblättchen abzupfen und mit dem Schinken auf dem Spargel verteilen.

Im vorgeheizten Ofen etwa 30 Minuten garen.

TIPP

Durch das Garen im eigenen Sud wird der Geschmack noch intensiver als beim Kochen; wer es vegetarisch mag, kann den Schinken auch durch Orangenfilets ersetzen oder den Ofenspargel pur servieren und Parmesanhobel darübergeben.

LA VIGNA ★ ANTONINO E

»Für eine hausgemachte Pasta braucht man nicht viele Zutaten, und auch die Anzahl der Küchenutensilien ist überschaubar. Es gibt jedoch einige sehr praktische Helfer, die ich nicht missen möchte: Ausstecher beispielsweise garantieren eine exakte Form und gleichbleibende Größe.«

RAVIOLI DI ASPARAGI

SPARGELRAVIOLI

Pastateig nach Grundrezept Seite 240

300 g Spargel
1 Schalotte
2 EL Olivenöl
1 TL Puderzucker
200 ml Spargel- oder Gemüsebrühe
50 g Weißbrot, gerieben
50 g Parmesan, gerieben
1 kleines Bund Kerbel
Salz und Pfeffer aus der Mühle
20 g Butter

Den Pastateig nach Grundrezept zubereiten und ruhen lassen.

Den Spargel schälen und in sehr kleine Stücke schneiden. Die Schalotte schälen und fein hacken. Das Olivenöl erhitzen, Schalotte und Spargel zugeben, mit Puderzucker bestreuen und gut vermengen. Die Hälfte der Brühe dazugießen und alles zugedeckt 5 Minuten dünsten. Die Masse erkalten lassen.

Das geriebene Weißbrot, den Parmesan und die Hälfte des fein gezupften Kerbels unter die kalte Spargelmasse geben; mit Salz und Pfeffer würzen.

Den Nudelteig dünn ausrollen und in zwei etwa 10 cm breite Teigstreifen teilen. Die Spargelmasse mit einem Spritzbeutel oder einem kleinen Löffel in kleinen Häufchen im Abstand von etwa 6 cm in der Mitte des einen Teigstreifens platzieren. Den zweiten Teigstreifen darauflegen, rund um die Füllung gut festdrücken und runde Ravioli ausstechen.

Die Ravioli in reichlich Salzwasser etwa 2 Minuten kochen. In der Zwischenzeit die übrige Brühe erhitzen, die Butter zugeben und etwas einkochen lassen. Die gegarten Ravioli mit dem restlichen Kerbel darin kurz schwenken.

SPAGHETTI ALLE VONGOLE

SPAGHETTI MIT VENUSMUSCHELN

1 kg Venusmuscheln
¼ l Weißwein
1 Bund Petersilie
1 Rispe Kirschtomaten
4 Knoblauchzehen
6 EL Olivenöl
400 g Spaghetti
Salz und Pfeffer aus der Mühle

Die Muscheln kalt waschen und geöffnete Muscheln wegwerfen.

Den Weißwein zum Kochen bringen, die Muscheln hineingeben und zugedeckt bei starker Hitze etwa 5 Minuten kochen lassen. Die Muscheln mit dem Sud in ein Sieb geben und dabei den Sud auffangen. Noch geschlossene Muscheln aussortieren und wegwerfen.

Die Petersilie fein hacken. Die Kirschtomaten waschen und vierteln, den Knoblauch schälen und in feine Scheiben schneiden. 2 Esslöffel Olivenöl erhitzen, den Knoblauch, die Hälfte der Petersilie und die Tomaten zugeben und kurz anbraten. Mit dem Muschelsud aufgießen und diesen auf etwa die Hälfte einkochen.

Die Muscheln wieder in den Sud geben, kurz erhitzen und dann mit Salz und Pfeffer würzen.

Gleichzeitig die Spaghetti al dente garen, abgießen und dabei 100 ml des Nudelkochwassers zurückbehalten. Die Spaghetti zusammen mit dem Nudelkochwasser zu den Muscheln geben, die restliche Petersilie und die verbleibenden 4 Esslöffel Olivenöl beifügen und alles nochmals kurz erhitzen.
Das Gericht sollte sehr heiß serviert und gegessen werden.

MOSCARDINI STUFATI

KLEINE GESCHMORTE POLPI

20 ganz kleine Polpi
20 Kirschtomaten
4 Knoblauchzehen
1 getrockneter Peperoncino
4 EL Olivenöl
10 ml Fischfond
Salz
1 kleines Bund glatte Petersilie

Die Polpi gründlich putzen und waschen. Die Kirschtomaten abbrausen. Die Knoblauchzehen schälen, halbieren und die Triebe entfernen. Den Peperoncino längs halbieren und die Samen entfernen.

Das Olivenöl in einer Kasserolle erhitzen. Den Knoblauch darin goldbraun anbraten und herausnehmen. Die Kirschtomaten, die Polpi und den Peperoncino hineingeben, mit dem Fischfond aufgießen und leicht salzen. Zugedeckt etwa 25 Minuten bei geringer Hitze dünsten.

In der Zwischenzeit die Petersilie waschen und fein schneiden. Die geschmorten Polpi auf vorgewärmten Tellern anrichten und mit der Petersilie bestreuen.

TIPP

Nach Belieben Weißbrot vom Vortag klein würfeln, in Olivenöl rösten und die Polpi darauf servieren.

»In den Wintermonaten werden in Süditalien die kleinen, am Vesuv gereiften und hängend gelagerten Tomaten verwendet. Sie werden deshalb auch Pendolini genannt, Piennolo heißt diese Sorte. Da sie nicht künstlich bewässert werden, schmecken sie unglaublich intensiv und süß und verströmen einen herrlich aromatischen Duft.«

CALAMARETTI ALLA BRACE CON OLIO E LIMONE

KLEINE CALAMARI VOM GRILL MIT OLIVENÖL UND ZITRONE

1 kg kleine Calamari
2 unbehandelte Limetten
100 ml Olivenöl
Salz und Pfeffer aus der Mühle
4 EL Zitronenöl

Die Calamari gründlich putzen, waschen und auf Küchenpapier trocken tupfen. Die Limetten ebenfalls waschen und trocknen, die Schale in feinen Zesten abziehen und die Früchte anschließend auspressen.

Das Olivenöl in einer Pfanne sehr stark erhitzen, die Calamari darin von beiden Seiten jeweils 1 Minute braten. Erst zum Schluss mit Salz und Pfeffer würzen. Zum Anrichten mit dem Saft der Limetten beträufeln, das Zitronenöl und die Zesten darüber verteilen.

TIPP

Am besten gelingen die Calamaretti auf dem Grill, da dort eine größere Hitze erreicht werden kann.

»Dieses Gericht verbinde ich mit hochsommerlichen Erinnerungen an schöne Abende in Sorrento am Meer. Dazu trinkt man am besten ein gekühltes Glas Falanghina und kostet den Augenblick intensiv aus: süßes Nichtstun und Genießen – am besten zu zweit.«

SARDINE FRITTE

FRITTIERTE SARDINEN

800 g frische Sardinen
Öl zum Frittieren
100 g Mehl
Meersalz
2 Zitronen

Die Sardinen schuppen, den Kopf entfernen und die Fische ausnehmen. Gut waschen und mit Küchenpapier trocken tupfen.

Das Frittieröl auf 160 Grad erhitzen. Die Sardinen kurz im Mehl wenden, gut abklopfen und in das heiße Öl geben. Je nach Größe der Sardinen etwa 2–3 Minuten frittieren. Herausnehmen, auf Küchenpapier entfetten und mit feinem Meersalz bestreuen.

Die Zitronen halbieren und zum Beträufeln bei Tisch dazu servieren.

»Früher waren Sardinen ein typisches Armeleuteessen, heute sind sie als echte Gaumenfreude beliebt und geschätzt – so ändern sich die Zeiten und auch die Geschmäcker; was einfach zu haben ist, ist nicht weniger wert …«

SARDINE AL FORNO

SARDINEN AUS DEM OFEN

800 g frische Sardinen
100 ml Olivenöl
2 Knoblauchzehen
100 g Kirschtomaten
1 kleines Bund glatte Petersilie
1 Peperoncino
Meersalz
⅛ l Fischfond

Den Backofen auf 180 Grad vorheizen.

Die Sardinen schuppen, den Kopf entfernen und die Fische ausnehmen. Gut waschen und mit Küchenpapier trocken tupfen.

Das Olivenöl in einer feuerfesten Form verteilen und die Sardinen hineinlegen.

Den Knoblauch schälen und in Scheiben schneiden. Die Kirschtomaten waschen und vierteln. Die Petersilie waschen und klein zupfen. Den Peperoncino längs halbieren, die Samen entfernen und den Peperoncino in kleine Stücke schneiden.

Die Sardinen mit Meersalz bestreuen, alle vorbereiteten Zutaten darauf verteilen und mit dem Fischfond aufgießen. Etwa 15 Minuten im vorgeheizten Ofen mit Umluft garen. Während der Garzeit zwei- bis dreimal mit dem eigenen Fond übergießen.

TIPP
Eine schöne Variante zu den frittierten Sardinen, bei der die kleinen Fische etwas weicher garen und durch die Aromen von Tomaten, Peperoncino und Knoblauch an Würze dazugewinnen.

CARRÉ D'AGNELLO ALLA TOSCANA

LAMMRÜCKEN AUF TOSKANA-ART

800 g Lammkarree
Salz und Pfeffer aus der Mühle
100 ml Olivenöl
4 Knoblauchzehen
2 Zweige Thymian
2 Zweige Rosmarin
1 kleines Bund Salbei
250 g kleine Kartoffeln
100 g Kirschtomaten
4 Frühlingszwiebeln
1 Dose weiße Bohnen (Cannellini)
20 ml toskanisches Olivenöl
etwas Fingersalz zum Bestreuen

Den Backofen auf 180 Grad vorheizen.

Das Lammfleisch mit Salz und Pfeffer würzen. ⅔ des Olivenöls in einer Pfanne erhitzen und das Fleisch von beiden Seiten gut anbraten. Die Knoblauchzehen halbieren, zusammen mit dem Thymian, dem Rosmarin und 2 Zweigen Salbei zum Fleisch geben und mitbraten. Dann alles in eine feuerfeste Form geben und im vorgeheizten Ofen etwa 15 Minuten garen. Das Fleisch aus dem Ofen nehmen und ruhen lassen.

Die Kartoffeln schälen, achteln und in Salzwasser weich kochen. Den restlichen Salbei zupfen. Die Kirschtomaten waschen und halbieren. Die Frühlingszwiebeln in Stücke schneiden. Die Bohnen in einem Sieb gut waschen und abtropfen lassen.

Das restliche Olivenöl erhitzen, die Kartoffeln darin goldgelb braten. Dann alle übrigen Zutaten beifügen, mit Salz und Pfeffer würzen und etwa 2 Minuten darin schwenken.

Das Gemüse auf vorgewärmte Teller verteilen. Das Lammkarree aufschneiden, auf dem Gemüsebett anrichten, mit Olivenöl beträufeln und mit etwas Fingersalz bestreuen.

TIPP

Fingersalz ist ein grobkörniges, eher trockenes Salz, das weniger kristallin ist und sein Aroma im Gaumen entfaltet.

PULCINO SU CREMA DI FAVE

STUBENKÜKEN AUF EINER CREME VON DICKEN BOHNEN

2 Stubenküken
Salz und Pfeffer aus der Mühle
1 kg frische Dicke Bohnen
1 Zwiebel
2 Kartoffeln
4 EL Olivenöl
200 ml Hühnerbrühe
200 ml Geflügelfond
40 g Butter

Den Backofen auf 180 Grad vorheizen.

Die Stubenküken entbeinen, waschen und trocken tupfen, anschließend mit Salz und Pfeffer würzen. Die Bohnenkerne aus den Schoten lösen und die einzelnen Kerne nochmals schälen. Die Zwiebel schälen und fein schneiden. Die Kartoffeln schälen und in Salzwasser weich kochen.

2 Esslöffel Olivenöl in einer Pfanne erhitzen und die entbeinten Stubenküken von beiden Seiten etwa 2 Minuten anbraten. In eine feuerfeste Form setzen und im vorgeheizten Ofen etwa 15 Minuten weitergaren.

In der Zwischenzeit die restlichen 2 Esslöffel Olivenöl in einem Topf erhitzen. Die Zwiebeln darin glasig dünsten, dann die Bohnen und die Hühnerbrühe zugeben. Mit Salz und Pfeffer würzen und zugedeckt etwa 5 Minuten köcheln lassen.

2 EL der gegarten Bohnen zur Seite legen und warm halten; die übrigen Bohnen mit den weich gekochten Kartoffeln pürieren.

Den Geflügelfond auf die Hälfte einkochen. Dann mit der kalten Butter nochmals kräftig aufkochen lassen.

Die Bohnencreme auf die Teller verteilen und die Stubenküken darauf anrichten. Mit den beiseitegelegten ganzen Bohnen garnieren und mit etwas Geflügelfond begießen.

ANTONINO ESPOSITO

PULCINO ALLE ERBETTE

STUBENKÜKEN MIT KRÄUTERN

4 Stubenküken
Salz und Pfeffer aus der Mühle
8 Zweige Salbei
8 Zweige Rosmarin
8 Zweige Thymian
4 EL Olivenöl
¼ l Weißwein
80 g Butter

Den Backofen auf 180 Grad vorheizen.

Die Stubenküken waschen und mit Küchenpapier trocken tupfen. Mit Salz und Pfeffer würzen. Die Hälfte der Kräuter in den Bauch der Küken geben.

Das Olivenöl in einem Bräter erhitzen, die Stubenküken in Seitenlage hineinlegen und von beiden Seiten jeweils 4 Minuten anbraten. Dann auf den Rücken setzen, die restlichen Kräuter darauf verteilen und mit dem Weißwein übergießen. Die Butter in kleinen Flocken darüber verteilen und die Küken im vorgeheizten Ofen 20 Minuten garen. Zwischendurch etwa vier- bis fünfmal mit dem eigenen Saft übergießen.

TIPP

Die Butter gibt einen wunderbaren Geschmack und eine sehr schöne Farbe.

»Unsere Nachbarn holten früher die Stubenküken zum Schutz vor Kälte noch in die Bauernstube. Nach zwei Monaten war der Kummer der Kinder dann groß: Die lieb gewonnenen Vögel waren verschwunden. Gesagt haben die Eltern nichts, doch mag man deren Schicksal wohl geahnt haben …«

QUAGLIA SPADELLATE CON GIRELLI E CIPOLLE NOVELLE

SAUTIERTE WACHTEL MIT PFIFFERLINGEN UND JUNGEN ZWIEBELN

4 große Wachteln
8 kleine Kartoffeln
200 g frische Pfifferlinge
1 Bund junge Zwiebeln
1 kleines Bund glatte Petersilie
Salz und Pfeffer aus der Mühle
3 EL Olivenöl
etwas Olivenöl zum Beträufeln

Die Wachteln entbeinen. Die Kartoffeln schälen, vierteln und in Salzwasser kochen. Die Pfifferlinge waschen und putzen. Die Zwiebeln schälen und in Streifen schneiden. Die Petersilie waschen und abzupfen.

Die entbeinten Wachteln mit Salz und Pfeffer würzen und in Olivenöl kurz von beiden Seiten anbraten. Die Zwiebeln und Pfifferlinge dazugeben und durchgaren. Zum Schluss die gezupfte Petersilie beifügen und nochmals kurz sautieren.

Die gekochten Kartoffeln in einer zweiten Pfanne kurz anbraten und auf die Teller verteilen. Die Wachtel mit den Pfifferlingen darauf anrichten und mit etwas Olivenöl beträufeln.

TIPP

Als Alternative passt auch anderes Gemüse dazu, wie zum Beispiel Cima di Rapa (Stängelkohl) aus Süditalien, gebratene Artischocken oder im Frühjahr roh gebratener grüner Spargel. Wenn eine Sättigungsbeilage gewünscht ist, schmecken Rosmarinkartoffeln am besten dazu.

GESCHNITTENES RINDERMEDAILLON AUF GEGRILLTEM GEMÜSE

GESCHMORTE KANINCHENKEULEN

Prandelli: Italia po
Cassano
la sorte
Azzurri subito al lavoro
Martedì Prandelli potrà già essere qualificato
il Botafogo per l'Under 21 di Ferrara

TAGLIATA DI MANZO SU GRIGLIATA DI VERDURA

GESCHNITTENES RINDERMEDAILLON AUF GEGRILLTEM GEMÜSE

800 g Rinderfilet, Mittelstück
1 mittelgroße Zucchini
1 kleine Aubergine
1 gelbe Paprika
1 rote Paprika
2 Knollen Knoblauch
4 Frühlingszwiebeln
60 ml Olivenöl
4 Zweige Rosmarin
Salz und Pfeffer aus der Mühle
Fingersalz

Den Backofen auf 120 Grad vorheizen.

Das Filet in 4 gleich große Steaks schneiden. Das Gemüse waschen. Zucchini und Aubergine in Scheiben schneiden. Die Paprikaschoten entkernen, vierteln und in Streifen schneiden. Den Knoblauch halbieren. Von den Frühlingszwiebeln das dunkle Grün entfernen.

Etwa 2 Esslöffel Olivenöl in einer Pfanne erhitzen und die Filetsteaks von beiden Seiten jeweils 2 Minuten scharf anbraten. Das Fleisch auf ein Ofengitter setzen, die Rosmarinzweige darauflegen und im vorgeheizten Ofen weitere 8 Minuten garen. Mit wenig Salz und Pfeffer würzen.

In der Zwischenzeit das Gemüse in der Pfanne mit weiteren 2 Esslöffeln Olivenöl etwa 5 Minuten braten, mit Salz und Pfeffer würzen. Das Gemüse auf die Teller verteilen, die Steaks in schräge Scheiben schneiden und dazu anrichten. Abschließend mit dem restlichen Olivenöl beträufeln und mit etwas Fingersalz bestreuen.

TIPPS

Als Alternative passt auch anderes Gemüse, wie zum Beispiel Cima di Rapa (Stängelkohl) aus Süditalien, gebratene Artischocken oder im Frühjahr roh gebratener grüner Spargel.

Wenn eine Sättigungsbeilage gewünscht ist, passen Rosmarinkartoffeln am besten dazu.

COSCIOTTO DI CONIGLIO AL FORNO

GESCHMORTE KANINCHENKEULEN

4 Kaninchenkeulen
Salz und Pfeffer aus der Mühle
400 g kleine Kartoffeln
4 kleine Schalotten
4 Knoblauchzehen
100 g Kirschtomaten
2 EL Olivenöl
40 g Taggiasca-Oliven
4 Zweige Rosmarin
4 Scheiben Lardo di Colonnata (weißer Speck)
100 ml Hühnerbrühe
100 ml Weißwein

Den Backofen auf 180 Grad vorheizen.

Die Kaninchenkeulen mit Salz und Pfeffer würzen.

Die Kartoffeln schälen, vierteln und in Salzwasser halb gar kochen. Die Schalotten schälen und vierteln, die Knoblauchzehen schälen, halbieren und die Triebe entfernen. Die Kirschtomaten waschen und trocknen.

Das Olivenöl in einer ofenfesten Pfanne erhitzen und die Kaninchenkeulen von beiden Seiten jeweils etwa 2 Minuten anbraten. Die vorbereiteten Gemüsezutaten mit den Oliven, dem Rosmarin und den halb gegarten Kartoffeln auf den Kaninchenkeulen verteilen. Jeweils 1 Scheibe Lardo di Colonnata auf die Keulen legen, Hühnerbrühe und Weißwein angießen und im vorgeheizten Ofen etwa 30 Minuten schmoren. Ab und zu mit dem eigenen Saft übergießen.

»Lardo di Colonnata ist ein schneeweißer Speck, der in Marmortrögen reift. Er hat einen delikaten Geruch, leicht salzig und doch süßlich erinnert er auf der Zunge an Walnüsse. Er ist lange Zeit in Vergessenheit geraten und erlebt jetzt eine Renaissance. Ich verwende ihn gern, weil er überraschend vielseitig ist und sich auch mit anderem Fleisch verträgt.«

»Cannoli ist die Mehrzahl von Cannolo, was wörtlich übersetzt »kleines Rohr« bedeutet. Die frittierten Röllchen sind typisch für die italienische Pasticceria und ein ursprünglicher, süßer Gruß aus Sizilien.«

TIRAMISÙ ALLE FRAGOLE

ERDBEER-TIRAMISU

BISKUIT

4 Eier
120 g Zucker
80 g Mehl
40 g Speisestärke
60 g flüssige Butter

250 g Mascarpone
150 g Puderzucker
¼ l Rahm (Sahne)
250 g Erdbeeren
1 EL Zitronensaft
100 ml Orangensaft
100 ml Läuterzucker (Zuckersirup)
100 ml Süßwein

Den Backofen auf 180 Grad vorheizen.

Die Eier und den Zucker über einem warmen Wasserbad schaumig schlagen. Vom Wasserbad nehmen und kalt schlagen. Mehl und Speisestärke mischen, auf die Eiermasse sieben und vorsichtig darunterheben. Danach die flüssige Butter darunterrühren. Dünn auf einem Blech ausstreichen und im Ofen 15–20 Minuten backen. Dann in vier gleich große Platten in der Größe der gewählten Form schneiden.

Den Mascarpone in eine Schüssel geben und glatt rühren. 100 g Puderzucker darübersieben und nochmals verrühren. Den Rahm steif schlagen und darunterheben. Die Erdbeeren klein schneiden, mit 30 g Puderzucker und dem Zitronensaft im Mixer pürieren und ebenfalls unter die Mascarponemasse heben.

Orangensaft, Läuterzucker und Süßwein mischen.

Die erste Biskuitplatte in die Form legen. Mit der Süßweinmischung beträufeln. Ein Drittel der Mascarponemasse daraufgeben und glatt streichen. Dies noch zweimal wiederholen. Zum Schluss mit der vierten Biskuitplatte abdecken, die restliche Flüssigkeit darauf verteilen und mit 20 g Puderzucker bestäuben.

CANNOLI SICILIANI

RICOTTA-RÖLLCHEN

CANNOLI

150 g Grieß
150 g Mehl
100 g Maisstärke (Mondamin)
1 EL Olivenöl
1 Ei
1 Eigelb
40 g Zucker
1 TL Vanillezucker
1 Prise Salz
½ Glas Rotwein
reichlich Öl zum Ausbacken

FÜLLUNG

250 g Ricotta
80 g Puderzucker
1 Prise Zimt
25 g Schokoraspeln oder
50 g kandierte Früchte, gehackt
Puderzucker zum Bestäuben

ORANGENSAUCE

¼ l frisch gepresster
Orangensaft
50 g Puderzucker
1 EL Mondamin
2 cl Limoncello

Für die Cannoli Grieß, Mehl und Maisstärke in einer Schüssel mischen. Die übrigen Zutaten dazugeben und alles zu einem festen Teig kneten. Den Teig sehr dünn ausrollen, dann runde oder quadratische Plätzchen (etwa 10 x 10 cm) ausstechen. Die Teigstücke um ein Metallröhrchen legen und im schwimmenden Fett ausbacken.

Für die Füllung den Ricotta über Nacht in einem Tuch über einer Schüssel abtropfen lassen. Puderzucker und Zimt dazugeben, verrühren und durch ein Haarsieb streichen. Dann die Schokoraspeln oder die kandierten Früchte darunterheben.

Die Masse in einen Spritzbeutel füllen und die gebackenen Cannoli damit füllen.

Für die Sauce vom Orangensaft 2 Esslöffel wegnehmen und beiseitestellen. Den Saft mit dem Puderzucker erhitzen. Das Mondamin mit dem restlichen Saft gut verrühren. Den aufgekochten Saft vom Feuer nehmen und die Mondamin-Mischung dazugeben. Nochmals kurz aufkochen und noch warm durch ein Haarsieb geben. Den Limoncello in die kalte Sauce geben und verrühren.

Die Cannoli mit Puderzucker bestäuben und auf Orangensauce servieren.

TIPP

Die Cannoli können Sie gut auf Vorrat zubereiten und in fest verschlossenen Dosen aufbewahren.

»Früher waren Erdbeeren meine liebste Nascherei – von der Hand in den Mund. Das habe ich mir bewahrt, mache heute aber auch gern etwas mehr daraus …«

PANNA COTTA CON FRAGOLE

PANNACOTTA MIT ERDBEEREN

½ l Rahm (Sahne)
50 g Zucker
1 Vanilleschote
3 Blatt Gelatine

ZUM ANRICHTEN
frische Erdbeeren

Den Rahm mit Zucker und dem ausgekratzten Vanillemark mischen und zum Kochen bringen.

Die Gelatine in kaltem Wasser einweichen, zu dem aufgekochten Rahm geben und darin auflösen. Die Rahmmischung durch ein Sieb gießen und erkalten lassen.

Kurz vor dem Stocken die Masse in Förmchen abfüllen und etwa 6 Stunden kalt stellen. Nach Belieben mit frischen Erdbeeren garnieren.

TIPP
Statt der Erdbeeren kann die Pannacotta auch mit einer Karamellsauce serviert werden.

SOMMER

Der Sommer lässt uns aus dem Vollen schöpfen; er bringt die Aromen der Sonne in die Küche ein und weckt die Lust auf den Genuss lauer Nächte im Freien. Die Farben werden satter, der Geschmack intensiver, die Teller bunt und abwechslungsreich. Gemüse, Fisch und Meeresfrüchte sind jetzt in begeisternder Vielfalt zu haben, werden warm oder kalt serviert und kommen ideenreich als Salat, Vorspeise oder Hauptgang zubereitet auf den Tisch. Allen voran die Tomate, die in meiner Heimat eine wunderbare Süße entfaltet, in beachtlich vielen Sorten zu haben ist und in den typischen neapolitanischen Speisen eine wichtige Rolle spielt. Weiß sie doch geschmacklich den Ton anzugeben, sich als dankbarer Begleiter zurückzunehmen oder feine Akzente zu setzen. Welch glückliche Fügung, dass sie uns eingekocht oder eingelegt rund um das Jahr verfügbar bleibt …

INSALATA DI POMODORO

TOMATENSALAT

4 Tomaten Cuor di Bue (Ochsenherzen)
1 kleiner Staudensellerie
Salz und Pfeffer aus der Mühle
100 ml Olivenöl

Die Tomaten waschen, vom Strunk befreien und in Spalten schneiden. Den Staudensellerie ebenfalls waschen, mit Küchenpapier trocken tupfen und in Scheiben schneiden.

Tomaten und Staudensellerie mischen, mit Salz und Pfeffer würzen und mit dem Olivenöl übergießen.

TIPP

Dies ist ein würziger Sommersalat – ideal für heiße Sommertage. Er kann mit Mozzarella Fior di Latte oder Büffelmozzarella ergänzt werden.

»Erstaunlich häufig findet man Rezepte, die im Tomatensalat Zwiebeln vorsehen, doch diese beiden sind kein ideales Paar. Ich bin der Ansicht, sie vertragen sich eigentlich nicht, weil die Zwiebel die Tomate zu sehr dominiert.«

»Der Oktopus will schwimmen, heißt es in Italien, und deshalb wird er in meiner Heimat in kaltes Wasser gelegt, dann behutsam aufgekocht und langsam durchgegart.«

»Während meiner Zeit auf Capri kam täglich ein alter Fischer in das Restaurant, der allmorgendlich für uns seine Netze geleert hat: Meerbarben, Goldbrassen, Seezungen, Schwertfische und Barsche, Kraken, Venus- und Miesmuscheln … welch glänzende Pracht.«

INSALATA AI FRUTTI DI MARE

MEERESFRÜCHTESALAT

1 kleiner Polpo
2 l Wasser
⅛ l Essig
Meersalz
4 Calamaretti
4 Scampi
4 Garnelen
150 g Venusmuscheln
150 g Miesmuscheln
⅛ l Weißwein
1 Friséesalat
1 kleines Bund glatte Petersilie
2 Zitronen
200 ml Olivenöl
Pfeffer aus der Mühle

Den Polpo gründlich waschen. Das Wasser mit dem Essig und Meersalz zum Kochen bringen und den Polpo etwa 45–60 Minuten darin köcheln lassen. Den Topf dabei nur halb zudecken. Dann die Probe mit einer Gabel machen: Lässt sich der Polpo gut einstechen, ist er gar. Den Polpo in kaltem Wasser abschrecken und dabei die violette Haut leicht abrubbeln; dann in Stücke schneiden.

Die Calamaretti gründlich säubern, waschen und mit Küchenpapier trocken tupfen. In etwas heißem Olivenöl rasch von beiden Seiten je 1 Minute anbraten. Die Garnelen und Scampi schälen, von den Därmen befreien, waschen, trocknen und ebenfalls in Olivenöl rasch von beiden Seiten 1 Minute braten. Die Muscheln kalt abbrausen und geöffnete Muscheln wegwerfen. Den Weißwein zum Kochen bringen und die Muscheln darin zugedeckt etwa 5 Minuten garen.

Den Friséesalat waschen und mundgerecht zupfen. Die Petersilie ebenfalls waschen und in Streifen schneiden. Die Zitronen auspressen.

Sämtliche Meeresfrüchte zusammen in eine Schüssel geben. Den Zitronensaft mit dem Olivenöl mischen, mit Salz und Pfeffer würzen. Die Marinade mit der Petersilie über die Meeresfrüchte geben und sorgfältig vermengen.

Den Friséesalat auf die Teller verteilen und die Meeresfrüchte darauf anrichten.

«Prima puntata»
SONO 187 PAGINE
super «martingala»
PORTOGALLO-FINLANDIA
1 1,35
X 4,50
2 7,50

BRUSCHETTE CON POMODORI

TOMATEN-BRUSCHETTE

2 große reife Tomaten
1 kleines Bund Basilikum
4 EL Olivenöl
Salz und Pfeffer aus der Mühle
8 Scheiben Brot vom Vortag
1 Knoblauchzehe

Die Tomaten waschen, vierteln und die Kerne entfernen. Dann in kleine Würfel schneiden. Das Basilikum zupfen und in Streifen schneiden. Tomaten und Basilikum mischen, 2 Esslöffel Olivenöl zugeben und mit Salz und Pfeffer würzen.

Die Brotscheiben halbieren. 1 Esslöffel Öl in einer Pfanne erhitzen, die Brotscheiben hineinlegen, mit dem restlichen Esslöffel Öl beträufeln und goldbraun braten. Die Knoblauchzehe halbieren und das geröstete Brot damit einreiben.

Die Tomatenmischung auf den gerösteten Brotscheiben verteilen und eventuell nochmals etwas Olivenöl darüberträufeln.

Eine einfache, aber wunderbare Zwischenmahlzeit oder Kleinigkeit zum Aperitif.

»Da man den Tomaten in früheren Zeiten aphrodisierende Wirkung zuschrieb, wurden sie im Französischen auch pommes d'amour genannt. Wir Italiener haben diesen Namen mit dem pomo d'amore übernommen, was sich im Laufe der Zeit zu pomodoro abgeschliffen hat.«

ZUPPA DI PESCE ALLA SORRENTINA

SORRENTINER FISCHSUPPE

800 g frische Mittelmeerfische
100 g Garnelen
4 kleine Tintenfische
200 g Miesmuscheln
200 g Venusmuscheln
300 g Tomaten
1 Schalotte
1 Stange Staudensellerie
1 kleines Bund glatte Petersilie
1 Peperoncino
4 Knoblauchzehen
150 g Weißbrot
200 ml Olivenöl
½ l Fischfond
Salz

Die Fische schuppen, filetieren, entgräten und in mundgerechte Stücke schneiden. Die Garnelen schälen, längs am Rücken aufschneiden und den Darmfaden entfernen. Die Tintenfische sorgfältig ausnehmen und waschen. Die Muscheln unter kaltem Wasser abbrausen, säubern und geschlossene Muscheln wegwerfen.

Die Tomaten mit kochendem Wasser überbrühen und die Haut abziehen. Stielansätze und Kerne entfernen, dann in Stücke schneiden. Die Schalotte schälen und fein schneiden. Den Staudensellerie in kleine Stücke schneiden. Die Petersilie waschen, trocknen und hacken. Den Peperoncino halbieren, entkernen und ebenfalls klein schneiden. Die Knoblauchzehen schälen, halbieren und die Triebe entfernen. Das Weißbrot in Würfel schneiden und in der Hälfte des Olivenöls (100 ml) in einer Pfanne rösten.

Die restlichen 100 ml Öl in einem flachen, weiten Topf erhitzen, den Knoblauch darin goldbraun werden lassen, dann wieder entfernen. Die Schalotten in das Öl geben und kurz anbräunen, dann die Tomaten und den Fischfond dazugeben. Mit Salz abschmecken und etwa 15 Minuten köcheln lassen. Nun die Fischstücke, Tintenfische, Garnelen und Muscheln in den heißen Fond geben, Staudensellerie und Peperoncino darauf verteilen und nochmals 10 Minuten leicht köcheln lassen. Zum Schluss die Petersilie dazugeben.

Das geröstete Weißbrot in Suppenteller geben und die Fischsuppe darauf verteilen.

ZUPPA DI SCAMPI

CREMESUPPE VON SCAMPI

1 kg Scampi-Köpfe
4 Knoblauchzehen
1 Schalotte
2 Stängel Staudensellerie
1 Peperoncino
100 ml Olivenöl
100 g Tomatenmark
½ l Fischfond
300 ml Rahm (Sahne)
Salz
40 g Butter
4 kleine Zweige Estragon

Die Scampi-Köpfe in der Küchenmaschine oder im Cutter grob zermahlen.

Die Knoblauchzehen schälen und halbieren. Die Schalotte schälen und in feine Scheiben schneiden. Den Staudensellerie in kleine Stücke schneiden. Den Peperoncino längs aufschneiden und entkernen.

Das Olivenöl erhitzen, die Knoblauchzehen darin goldbraun werden lassen, dann wieder entfernen. Schalotte, Sellerie und die grob gemahlenen Scampi-Köpfe beifügen und etwa 2 Minuten anrösten. Dann Tomatenmark, Peperoncino, Fischfond und Rahm zugeben. Mit Salz würzen und 20 Minuten köcheln lassen.

Alles zusammen durch ein feines Haarsieb gießen. Erneut erhitzen und die kalte Butter unterschlagen, aber nicht mehr kochen lassen.

In Tellern anrichten und mit Estragonzweiglein garnieren.

TIPP

Auf diese Weise lässt sich auch aus allen anderen Arten von Krustentieren eine köstliche Suppe zubereiten.

FIORI DI ZUCCHINI RIPIENI CON MOZZARELLA E RICOTTA

ZUCCHINIBLÜTEN GEFÜLLT MIT MOZZARELLA UND RICOTTA

12 Zucchiniblüten
150 g Mozzarella
1 kleines Bund Basilikum
150 g Ricotta
1 Ei
50 g Weißbrot, gerieben
80 g Parmesan, gerieben
Salz und Pfeffer aus der Mühle
1 EL Olivenöl
200 ml Tomatensugo
nach Grundrezept Seite 240

Den Backofen auf 180 Grad vorheizen.

Die Stempel der Zucchiniblüten entfernen und die Blüten wie Glocken bereitstellen.

Den Mozzarella klein würfeln. Das Basilikum waschen und in feine Streifen schneiden. 4 Herzblätter für die Garnitur beiseitelegen.

Den Mozzarella, den Ricotta sowie das Ei in eine Schüssel geben und gut verrühren. Weißbrot und Parmesan zugeben und mit Salz und Pfeffer abschmecken. Die Masse in einen Spritzbeutel füllen.

Ein Backblech mit Olivenöl fetten. Die Zucchiniblüten zu zwei Dritteln mit der Mozzarella-Ricotta-Masse füllen, den oberen Blütenrand einschlagen und die Blüten auf das Backblech legen. Im vorgeheizten Ofen etwa 15 Minuten garen (die Garzeit je nach Größe der Blüten anpassen).

Den Tomatensugo erhitzen, mit den Zucchiniblüten auf den Tellern anrichten und mit den Basilikumblättern garnieren.

TIPP
Die Zucchiniblüten sollten möglichst am frühen Morgen geerntet werden, da sie zu dieser Zeit am weitesten geöffnet sind. Früher verwendete meine Mama nur die männlichen Blüten ohne Fruchtstand, da man die aus den weiblichen Blüten entstandenen Früchte für andere Mahlzeiten brauchte.

INVOLTINI DI MELANZANE

ÜBERBACKENE AUBERGINENRÖLLCHEN

3 Auberginen
Salz und Pfeffer aus der Mühle
250 g Büffelmozzarella
1 Bund Basilikum
150 g Tomatensugo
nach Grundrezept Seite 240

120 g Parmesan, gerieben
Olivenöl zum Braten

Den Backofen auf 180 Grad vorheizen.

Die Auberginen schälen und längs in ½ cm dicke Scheiben schneiden. In einer Pfanne in Olivenöl oder auf dem Grill von beiden Seiten goldbraun braten. Auf ein Blech oder Gitter legen, mit Salz und Pfeffer würzen und auskühlen lassen.

Den Mozzarella in Streifen schneiden und die Basilikumblätter abzupfen. Die ausgekühlten Auberginenscheiben mit Tomatensugo bestreichen und jeweils mit einem Stück Mozzarella und einem Basilikumblättchen belegen. Etwas geriebenen Parmesan darauf verteilen und zu Röllchen formen.

Eine feuerfeste Form mit etwas Tomatensugo ausstreichen und die Röllchen hineinlegen. Den übrigen Sugo darauf verteilen, mit Parmesan bestreuen und im vorgeheizten Ofen etwa 25 Minuten überbacken.

TIPP

Obgleich die Zutaten annähernd dieselben sind und das Rezept eigentlich ganz einfach ist, schmecken die Auberginenröllchen bei mir doch anders, als ich sie aus meiner Kindheit in Erinnerung habe. Die von meiner Mama zubereiteten bleiben unerreicht …

CARPACCIO DI POMODORI CON CAPESANTE E PESTO AL BASILICO

TOMATEN-CARPACCIO MIT GEBRATENEN JAKOBSMUSCHELN UND BASILIKUMPESTO

PESTO
1 Knoblauchzehe
2 Bund Basilikum
1 EL Pinienkerne, geröstet
2 EL Parmesan, gerieben
6 EL Olivenöl
Salz und Pfeffer aus der Mühle

4 feste, aber reife Fleischtomaten, am besten Cuore di Bue (Ochsenherz)
12 Jakobsmuscheln
1 EL Zitronensaft
2 EL Olivenöl

Für das Basilikumpesto die Knoblauchzehe schälen, halbieren und den Trieb entfernen. Das Basilikum waschen, trocken tupfen und die Blätter abzupfen. Zusammen mit Pinienkernen, Parmesan und Olivenöl im Mixer zu einer glatten Paste verarbeiten. Mit Salz und Pfeffer abschmecken.

Den Strunk der Fleischtomaten entfernen und die Tomaten so dünn wie möglich in Scheiben schneiden. Das geht am besten mit einem sehr dünnen Messer oder mit der Aufschnittmaschine.

Die Jakobsmuscheln mit Zitronensaft sowie Salz und Pfeffer marinieren. Das Öl in einer Pfanne erhitzen und die Jakobsmuscheln von beiden Seiten jeweils 1 Minute braten.
Die Tomatenscheiben fächerartig auf die Teller verteilen, darauf die Muscheln anrichten und abschließend mit dem Pesto beträufeln.

»Der Begriff Carpaccio wird heute für alle Zubereitungen verwendet, bei denen die Zutaten sehr dünn geschnitten und mariniert werden. Auf diese angenehm leichte Art entfalten die Zutaten zusätzliche Reize. So lassen sich auch zuvor geeister Fenchel oder Zitronen servieren.«

RAVIOLI AI ZUCCHINI

ZUCCHINI-RAVIOLI

Pastateig nach Grundrezept
Seite 240

2 gelbe Zucchini
2 grüne Zucchini
1 feste reife Tomate
1 Schalotte
1 Knoblauchzehe
100 ml Olivenöl
Salz und Pfeffer
50 g Weißbrot, gerieben
50 g Parmesan, gerieben
1 kleines Bund Basilikum
40 g Butter

Den Pastateig nach Grundrezept zubereiten und ruhen lassen. Die Zucchini waschen und trocknen. Die Schale von einer gelben und einer grünen Zucchini mit einem Zestenreißer abziehen und beiseitestellen. Die Tomate waschen und häuten, dann vierteln, entkernen und würfeln. Die 4 Zucchini in dünne Scheiben schneiden, die Schalotte schälen und fein hacken. Den Knoblauch schälen, halbieren und den Trieb entfernen.

Das Olivenöl erhitzen, den Knoblauch darin goldbraun werden lassen und wieder entfernen. Die Schalotten und Zucchini in das heiße Öl geben, etwa 5 Minuten braten und mit Salz und Pfeffer würzen. Das Gemüse erkalten lassen und dann im Mixer nicht zu fein pürieren. Die Masse mit Weißbrot und Parmesan in einer Schüssel verrühren und abschließend das Basilikum beifügen.

Den Nudelteig dünn ausrollen und in zwei etwa 10 cm breite Teigstreifen teilen. Die Zucchinimasse mit einem Spritzbeutel oder einem kleinen Löffel in kleinen Häufchen im Abstand von 6 cm in der Mitte eines der Teigstreifen platzieren. Den zweiten Teigstreifen darauflegen, rund um die Füllung gut festdrücken und runde Ravioli ausstechen.

Die Ravioli in reichlich Salzwasser 2 Minuten kochen lassen. In der Zwischenzeit die Butter in einer Pfanne schmelzen, die Zucchini-Zesten und Tomatenwürfel darin kurz schwenken. Die Ravioli auf Tellern anrichten und mit der geschmolzenen Butter, den Tomatenwürfeln und den Zucchini-Zesten garnieren.

RISOTTO AI POMODORI E BASILICO

TOMATENRISOTTO MIT BASILIKUM

1 Schalotte
2 Tomaten
1 kleines Bund Basilikum
4 EL Olivenöl
400 g Rundkornreis
(z. B. Arborio oder Carnaroli)
100 ml Weißwein
700 ml Hühner- oder Gemüsebrühe
100 ml Tomatensugo
nach Grundrezept Seite 240
50 g Butter
50 g Parmesan, gerieben
Salz und Pfeffer aus der Mühle

Die Schalotte schälen und sehr fein würfeln. Die Tomaten mit kochendem Wasser überbrühen und häuten, entkernen und ebenfalls sehr klein würfeln. Das Basilikum waschen, zupfen und in Streifen schneiden.

Die Schalotte im Olivenöl andünsten, den Reis einstreuen und leicht glasig werden lassen. Den Weißwein dazugeben und verdampfen lassen, dann mit der Brühe auffüllen. Etwa 15 Minuten ohne Rühren köcheln lassen, bis die Flüssigkeit vollständig eingekocht ist.

Die gewürfelten Tomaten und den Tomatensugo zugeben und nun so lange rühren, bis die richtige sämige Konsistenz erreicht ist. Basilikum, Butter und Parmesan darunterrühren und mit Salz und Pfeffer abschmecken.

»Frische Kräuter sind in der Sommerküche unverzichtbar und können hervorragend selber gezogen werden; bei uns stehen sie in großen Kübeln auf der Terrasse und unsere Gäste erfreuen sich ebenfalls an ihrem Duft …«

RAVIOLI ALLA CAPRESE

MOZZARELLA-RAVIOLI IN TOMATENSAUCE

Pastateig nach Grundrezept Seite 240

FÜLLUNG
120 g Mozzarella
80 g Ricotta
1 Ei
2 EL Parmesan, gerieben
Salz und Pfeffer aus der Mühle
1 kleines Bund Basilikum

¼ l Tomatensugo nach Grundrezept Seite 240
etwas Parmesan, gerieben

Den Pastateig nach dem Grundrezept zubereiten und ruhen lassen.

Für die Füllung den Mozzarella in kleine Stücke schneiden, Ricotta, Ei und Parmesan dazugeben. Mit Salz und Pfeffer würzen. Etwas Basilikum klein schneiden und ebenfalls darunterrühren.

Den Nudelteig dünn ausrollen und in zwei etwa 10 cm breite Teigstreifen teilen. Die Füllung mit einem Spritzbeutel oder einem kleinen Löffel in kleinen Häufchen im Abstand von 6 cm in der Mitte eines der beiden Teigstreifen platzieren. Den zweiten Teigstreifen darauflegen, rund um die Füllung gut festdrücken und runde Ravioli ausstechen. Sollte der Teig zu trocken sein und leicht reißen, ist es hilfreich, ihn mit einem Backpinsel leicht mit Wasser zu bestreichen.

Die Ravioli in reichlich kochendem Salzwasser kurz aufkochen lassen, dann herausheben. Den Tomatensugo erwärmen und die Ravioli etwa 1 Minute darin ziehen lassen.

Auf Tellern anrichten, mit Basilikumblättchen garnieren und nach Geschmack geriebenen Parmesan dazu reichen.

»Dieses Raviolirezept stammt von der alten Signora Gargiulu, und es war das erste, das ich auf Capri unter ihrer Anleitung für die Gäste zubereiten durfte. Die Signora war sehr streng, doch zum Glück ist es mir auf Anhieb gelungen.«

CASSATA DI POMODORI CON GAMBERONI ALLA GRIGLIA

TOMATEN-TERRINE MIT RIESENGARNELEN

TOMATEN-TERRINE
400 g reife Tomaten
Salz
1 große grüne Zucchini
1 Schalotte, fein gewürfelt
1 Knoblauchzehe, fein gewürfelt
2 Blatt Gelatine
1 Bund Basilikum
1 TL Zucker
Pfeffer aus der Mühle

8 Riesengarnelen (Gamberoni)
1 EL Zitronensaft
2 EL Olivenöl
etwas Friséesalat zum Ausgarnieren

Die Tomaten mit kochendem Wasser überbrühen, häuten, entkernen und in kleine Würfel schneiden. Die Tomatenwürfel kräftig salzen und in einem Sieb etwa 2 Stunden abtropfen lassen, dabei den Saft auffangen (es sollte etwa 80–100 ml Saft ergeben). Die Zucchini längs in sehr dünne Scheiben schneiden, salzen und ebenfalls etwa 1–2 Stunden abtropfen lassen. Den Saft abgießen; er wird nicht weiter benötigt.

Schalotte und Knoblauch zusammen mit der Tomatenflüssigkeit kurz erhitzen. Die Gelatine in kaltem Wasser einweichen, ausdrücken und in der Tomatenflüssigkeit auflösen, dann erkalten lassen. Die Basilikumblätter in feine Streifen schneiden; einige schöne kleine Blättchen beiseitelegen. Das geschnittene Basilikum mit den Tomatenwürfeln, dem Zucker, etwas Pfeffer und der Tomatenflüssigkeit mischen.

Eine kleine Terrinenform mit Folie auskleiden und quer mit den Zucchinistreifen auslegen. Die Tomatenmasse einfüllen und mit den restlichen Zucchinistreifen bedecken. Satt in Folie packen und 6–8 Stunden im Kühlschrank gelieren lassen.

Die Riesengarnelen mit Salz, Pfeffer und Zitronensaft würzen und in einer Pfanne in Olivenöl von beiden Seiten jeweils 2 Minuten braten.

Die Tomaten-Terrine aus der Form nehmen und in etwa 2 cm dicke Scheiben schneiden. Mit den gebratenen Garnelen anrichten. Mit Friséesalat und den beiseitegelegten Basilikumblättchen ausgarnieren und mit etwas Olivenöl beträufeln.

GAMBERONI ALLA GRIGLIA SU POMODORINI AL PROFUMO DI BASILICO

GEBRATENE RIESENGARNELEN AUF KIRSCHTOMATEN MIT BASILIKUM

12 Riesengarnelen
300 g Kirschtomaten
1 Bund Basilikum
4 Knoblauchzehen
4 EL Olivenöl
1 Prise Zucker
Salz und Pfeffer aus der Mühle

Die Riesengarnelen schälen, am Rücken längs aufschneiden und den Darmfaden entfernen.

Die Kirschtomaten waschen und vierteln. Das Basilikum waschen, trocken tupfen und die Blätter abzupfen. Die Knoblauchzehen schälen, halbieren und die Triebe entfernen.

2 Esslöffel Olivenöl in einer Pfanne erhitzen, den Knoblauch darin goldbraun werden lassen und dann entfernen. Die Tomaten in das heiße Öl geben, mit einer Prise Zucker bestreuen und 3 Minuten unter stetigem Rühren köcheln lassen.

In der Zwischenzeit das übrige Olivenöl in einer zweiten Pfanne erhitzen. Die Garnelen mit Salz und Pfeffer würzen und im heißen Öl von beiden Seiten etwa 2 Minuten braten. Kurz vor dem Anrichten das Basilikum zu den Kirschtomaten geben und darunterrühren.

TIPPS

Dazu einfach und schlicht frisches Weißbrot reichen.

Auf diese Art mit »Pomodorini« zubereitet, schmecken auch andere Fische wie zum Beispiel Dorade oder Seeteufel ausgezeichnet. Ebenso gut harmoniert ein Medaillon vom Rind oder Kalbsfilet. Die Aromen unterstützen sich gegenseitig und kommen sehr fein zur Geltung.

SCAMPI FRITTI

FRITTIERTE SCAMPI

1½ kg Scampi
1 l Öl zum Frittieren
100 g Mehl
2 Zitronen
Salz und Pfeffer aus der Mühle

Die Scampi aus der Schale brechen, längs am Rücken aufschneiden und den Darmfaden entfernen; dann waschen und trocken tupfen.

Das Öl auf 160 Grad erhitzen. Die Scampi kurz in Mehl wälzen und das überschüssige Mehl abklopfen. Dann die Scampi etwa 2 Minuten im heißen Öl frittieren, auf Küchenpapier entfetten, mit Salz und Pfeffer würzen und mit Zitronenhälften servieren.

TIPPS

Dazu lassen sich jegliche Arten von Dipps servieren, ein frischer Salat und Weißbrot passen ebenso dazu.

Aus den Köpfen kann man einen wunderbaren Grundfond für Suppen und Saucen kochen, der sich prima einfrieren und auf Vorrat halten lässt.

»Fisch und Meeresfrüchte lieben leichte, subtile Mitspieler; ich empfehle, bewusst auf schwere Saucen zu verzichten. Sie stellen sich zu sehr in den Vordergrund und nehmen dem Geschmack häufig mehr als sie dem Gaumen geben.«

TRIGLIE ALLA LIVORNESE

ROTBARBENFILETS AUF LIVORNER ART

20 Kirschtomaten
20 getrocknete schwarze Oliven
2 EL kleine Kapern
4 Zweige Oregano
1 Peperoncino
5 EL Olivenöl
1 Knoblauchzehe
Salz und Pfeffer aus der Mühle
8 mittelgroße Rotbarbenfilets
½ Zitrone, Saft

Die Kirschtomaten vierteln, die Oliven entsteinen und halbieren. Die Kapern abspülen und abtropfen lassen. Die Oreganoblättchen abzupfen und den Peperoncino fein hacken.

Die Hälfte des Olivenöls erhitzen, die Knoblauchzehe ganz zugeben und goldbraun werden lassen, dann den Knoblauch wieder entfernen. Nach und nach alle vorbereiteten Zutaten in das heiße Öl geben und sehr kurz sautieren. Mit Salz und Pfeffer würzen und beiseitestellen.

Die Rotbarbenfilets mit Salz, Pfeffer und Zitronensaft würzen. Im restlichen Olivenöl auf der Hautseite etwa 3 Minuten anbraten.

Gleichzeitig die Tomatensauce noch einmal kurz erwärmen, auf die Teller geben und die Rotbarbenfilets darauf anrichten. Nach Belieben noch etwas Olivenöl darüberträufeln.

»Dies ist ein absolut leckeres und schnelles Gericht für heiße Sommertage, das auch mit kleinen Doraden vorzüglich gelingt; ein paar Scheiben Weißbrot dazu – und fertig.«

ANTONINO ESPOSITO

SCORFANO ALL'ACQUA PAZZA

DRACHENKOPF IM VERRÜCKTEN WASSER

1 ganzer Drachenkopf, ca. 1,2 kg
4 EL Olivenöl
300 g Kirschtomaten
4 Knoblauchzehen
1 Bund Petersilie
2 kleine Peperoncini
¼ l Fischfond
Meersalz

Den Backofen auf 180 Grad vorheizen.

Den Drachenkopf schuppen, waschen und trocken tupfen. Das Olivenöl in eine feuerfeste Form geben und den Fisch hineinlegen.

Die Tomaten vierteln, den Knoblauch schälen und halbieren. Die Petersilie waschen und die Blätter abzupfen. Die Peperoncini der Länge nach aufschneiden und entkernen. Alle diese Zutaten auf dem Fisch verteilen, den Fischfond darübergießen und mit Meersalz würzen. Im Backofen etwa 15–20 Minuten garen.

Dazu schmeckt in Olivenöl geröstetes Weißbrot sehr gut.

»Der Name für dieses Rezept geht vermutlich auf einen Volksprotest im 19. Jahrhundert zurück. Aufgrund einer verordneten Salzsteuer sah man sich gezwungen, zur Zubereitung von Suppen, Fisch und Krustentieren Meerwasser anstelle von gesalzenem Wasser zu verwenden. Und das galt als recht verrückt ...«

SEMIFREDDO AI LAMPONI

HALBGEFRORENES VON HIMBEEREN

250 g Himbeeren
2 EL Puderzucker
1 TL Zitronensaft
2 Eier
2 Eigelb
120 g Zucker
200 ml Rahm (Sahne)
einige Himbeeren als Garnitur

Die Himbeeren mit dem Puderzucker und dem Zitronensaft im Mixer pürieren und das Püree durch ein Haarsieb streichen, um alle Kerne zu entfernen.

Eier, Eigelbe und Zucker in einer Schüssel über einem heißen Wasserbad zu einer cremigen Masse aufschlagen. Die Schüssel vom Wasserbad nehmen und die Masse weiter kalt schlagen.

Die Hälfte des Himbeermarks sorgfältig unter die Eiermasse heben. Den Rahm steif schlagen und ebenfalls darunterheben. Die Himbeermasse in kleine Förmchen oder in eine große mit Klarsichtfolie ausgelegte Kastenform füllen und etwa 8 Stunden im Tiefkühler gefrieren lassen.

Auf Tellern anrichten und mit dem restlichen Himbeermark sowie den zurückbehaltenen Früchten servieren.

POCHIERTER PFIRSICH

POCHIERTER PFIRSICH MIT WEINSCHAUM UND HIMBEEREN

PESCHE COTTE

POCHIERTER PFIRSICH

4 Pfirsiche
1 unbehandelte Zitrone
½ l Weißwein
1 Vanilleschote
1 Zimtstange
120 g Zucker

Die Pfirsiche mit kochendem Wasser überbrühen, dann in Eiswasser abschrecken und die Haut abziehen. Die Zitrone waschen und die Schale dünn abschälen.

Den Weißwein erhitzen, das ausgekratzte Mark der Vanilleschote, Zitronenschale, Zimtstange und Zucker dazugeben. Die Pfirsiche hineinlegen und je nach Reife und Größe 10–15 Minuten zugedeckt leicht köcheln und anschließend am besten im Sud erkalten lassen.

»Die Pfirsichernte beginnt in Süditalien bereits Anfang Juni; die Früchte sind gelbfleischig und sehr aromatisch. Dieses Rezept hat als Dessert mit Vanilleeis und Himbeerpüree unter dem Namen ›Pêche Melba‹ weltweit Karriere gemacht.«

PESCHE COTTE CON ZABAGLIONE AI LAMPONI

POCHIERTER PFIRSICH MIT WEINSCHAUM UND HIMBEEREN

4 pochierte Pfirsiche
Rezept nebenstehend

250 g Himbeeren
50 g Puderzucker
1 TL Zitronensaft

ZABAGLIONE
4 Eigelb
¼ l Weißwein
30 g Zucker

Einen Teil der Himbeeren für die Garnitur beiseitelegen. Die übrigen Beeren mit dem Puderzucker und dem Zitronensaft im Mixer pürieren. Dann durch ein Haarsieb streichen.

Unmittelbar vor dem Servieren für die Zabaglione Eigelbe, Weißwein und Zucker in einer Schüssel über einem warmen Wasserbad cremig aufschlagen.

Die pochierten Pfirsiche auf einem Küchenpapier gut trocken tupfen. Die Himbeersauce in die Mitte der Teller verteilen und die Pfirsiche daraufsetzen. Mit der Zabaglione überziehen und mit den restlichen Himbeeren ausgarnieren.

TIPP
Man kann anstelle von normalem Weißwein auch sehr gut einen Moscato d'Asti oder eine Beerenauslese vom Kaiserstuhl verwenden. Den restlichen Wein trinkt man am besten als Begleitung zum Dessert.

HERBST

Der Herbst riecht nach feuchtem Nebel, Wald und Erde; ausgeprägte Aromen und kräftige Charaktere zeichnen ihn aus. Da rühmen die Feinschmecker sich ihrer geschulten Nase, und rund um Alba machen die Trüffelsucher mit ihren Hunden wieder Jagd auf die schrundigen weißen Knollen. Üblicherweise einfach in kariertes Tuch und Zeitungspapier verpackt, kommt diese unscheinbare, begehrte Kostbarkeit eher bescheiden daher und verrät äußerlich nichts von ihrem köstlichen Inneren. Eine weitere, ebenfalls seltene und hoch gehandelte Spezialität sind die Ovoli, hierzulande auch Kaiserlinge genannt. Dieser schmackhafte Pilz ist in Deutschland, Österreich und der Schweiz rar geworden; in größeren Mengen kommt er heute nur noch in Norditalien und gehäuft an der alten Römerstraße vor.

CARPACCIO DI OVOLI – MARINIERTE KAISERLINGE

CARPACCIO DI OVOLI

MARINIERTE KAISERLINGE

300 g Kaiserlinge (Ovoli)
4 EL Zitronensaft
8 EL Olivenöl
Salz und Pfeffer aus der Mühle
80 g Parmesan

Die Pilze mit einem Küchenpinsel vorsichtig säubern; dann mit einem sehr scharfen und dünnen Messer in feine Scheiben schneiden. Die Pilzscheiben spiralförmig auf die Teller verteilen.

Zitronensaft, Olivenöl, Salz und Pfeffer vermischen. Dann mit einer kleinen Dosierflasche oder mit einem Pinsel über die Pilze verteilen. Mit den Parmesanhobeln bestreuen.

Die in warmen trockenen Gegenden in Süditalien und im Piemont gedeihenden »Ovoli« gibt es im Herbst nur für sehr kurze Zeit. Am besten schmecken sie, wenn sie noch aussehen wie ein Ei mit viel Weiß drum herum – daher rührt auch der Name.

»Wenn die Ovoli eben aus der Erde kommen, erinnern sie in der Form an ein weißes Ei; das hat ihnen den italienischen Namen eingebracht. Später drücken sie ihre leuchtend orange-farbigen Köpfe hervor und gliedern sich deutlich sichtbar in Hut und Stängel auf. Und ist beste Reifezeit, dann heißt es für uns: Auf nach Italien!«

CARNE CRUDA CON SEDANO BIANCO E PARMIGIANO

PIEMONTESER TATAR MIT STAUDENSELLERIE UND GEHOBELTEM PARMESAN

400 g Rinderfilet
1 EL Zitronensaft
Salz und Pfeffer aus der Mühle
4 Stängel Staudensellerie
80 g Parmesan, gehobelt

Das Fleisch sauber von Haut und Sehnen befreien und mit einem scharfen Messer von Hand in feinste Würfelchen schneiden. Mit Zitronensaft, Salz und Pfeffer mischen und gut verrühren.

Den Staudensellerie fein schneiden und auf den Tellern anrichten; das Fleisch darauf verteilen und mit Parmesanhobeln bestreuen.

TIPP
Das ideale Fleisch für dieses Gericht ist das vom Fassone-Rind aus dem Piemont. Es ist viel heller als das allgemein bekannte Rindfleisch und ganz ausgezeichnet im Geschmack.

CARNE CRUDA CON TARTUFO BIANCO

PIEMONTESER TATAR MIT WEISSER TRÜFFEL

400 g Rinderfilet
1 EL Zitronensaft
Salz und Pfeffer aus der Mühle
1 weiße Trüffel

Das Fleisch sauber von Haut und Sehnen befreien und mit einem scharfen Messer von Hand in feinste Würfelchen schneiden. Mit Zitronensaft, Salz und Pfeffer mischen und gut verrühren.

Den Tartar portionsweise auf den Tellern verteilen und mit Trüffelhobeln bestreuen.

TIPP

Das ideale Fleisch für dieses Gericht ist das vom Fassone-Rind aus dem Piemont. Es ist viel heller als das allgemein bekannte Rindfleisch und ganz ausgezeichnet im Geschmack.

»Die echte Battuta vom Piemonteser Rind wird traditionell ohne Ei zubereitet; ich habe das für mein Tatar-Rezept übernommen, weil ich gern auf alles Überflüssige verzichte und der edle Fleischgeschmack auf diese Weise ganz unverfälscht und pur erhalten bleibt.«

INVOLTINI DI PEPERONI AL TONNO

PAPRIKARÖLLCHEN MIT THUNFISCHSAUCE

2 gelbe Paprika
2 rote Paprika
1 gekochtes Ei
100 g Thunfisch aus der Dose
1 TL Kapern
1 TL Zitronensaft
8 Sardellenfilets
1 EL Balsamico
Salz und Pfeffer aus der Mühle
2 EL Olivenöl
etwas Rosmarin oder Thymian

Den Backofen mit Grillfunktion auf 200 Grad vorheizen. Die Paprikaschoten waschen, vierteln, entkernen und die Spitzen abschneiden; so lässt sich die Haut später perfekt abziehen. Auf einem Grillrost in den Ofen schieben und etwa 10–15 Minuten rösten. Sie sollten dabei gleichmäßig braun werden, damit sich die Haut gut abziehen lässt.

In der Zwischenzeit das Ei mit Thunfisch, Kapern, Zitronensaft und Sardellen im Mixer pürieren.

Die gerösteten Paprika mit der Hautseite nach oben auf einem Blech auslegen und 5 Minuten mit einem gut feuchten Tuch bedeckt ruhen lassen, dann die Haut abziehen. Die Thunfischsauce auf die Innenseite der Paprikaviertel aufstreichen und diese einrollen.

Den Balsamico mit Salz, Pfeffer und Olivenöl verrühren.

Die Paprikaröllchen auf die Teller geben, mit der Balsamico-Marinade beträufeln und mit Rosmarin oder Thymian ausgarnieren.

UOVA IN CAMICIA CON FONDUTA E TARTUFO BIANCO

EI IM HEMD MIT KÄSECREME UND WEISSER TRÜFFEL

100 g Pastateig
nach Grundrezept Seite 240

200 g Fontina-Käse
200 ml Milch
8 Eigelb
20 g Butter
Salz und Cayennepfeffer
1 weiße Trüffel

Den Pastateig nach dem Grundrezept zubereiten und ruhen lassen.

Den Käse in kleine Würfel schneiden und in eine Schüssel geben. Die Milch hinzufügen und über Nacht zugedeckt in einem warmen Raum stehen lassen.

Den temperierten Käse über einem heißen Wasserbad so lange unter ständigem Rühren erwärmen, bis eine geschmeidige Masse entstanden ist. 4 Eigelbe dazugeben und unterrühren, bis sie vollständig von der Masse aufgenommen sind. Dann die Butter unterrühren und mit Salz und Cayennepfeffer abschmecken.

Den Pastateig sehr dünn ausrollen und 8 etwa 12 cm breite Platten ausschneiden. Vier der Teigplatten auf der Arbeitsfläche auslegen und in die Mitte jeweils ein Eigelb setzen. Dann mit einer zweiten Teigplatte vorsichtig abdecken, rund um die Füllung gut festdrücken und rund ausstechen. Die Eigelbe in der Teighülle in reichlich leicht kochendem Salzwasser etwa 1 Minute garen. Das Eigelb sollte noch flüssig sein.

In Pastatellern anrichten, mit der warmen Käsesauce übergießen und die weiße Trüffel darüberreiben. Göttlich!

AGNOLOTTI CON TARTUFI BIANCHI

KLEINE RAVIOLI MIT WEISSER TRÜFFEL

Pastateig nach Grundrezept Seite 240

150 g Geflügelfleisch (sehr gut geeignet ist das Fleisch von Poularden-Keulen)
Salz und Pfeffer aus der Mühle
100 g Wirsing
1 Schalotte
1 EL Butterschmalz
1 Lorbeerblatt
100 ml Weißwein
¼ l Hühnerbrühe
40 g Butter
1 weiße Trüffel

Den Pastateig nach dem Grundrezept zubereiten und ruhen lassen.

Das Geflügelfleisch waschen, mit Küchenpapier trocken tupfen, in Stücke schneiden und mit Salz und Pfeffer würzen. Die Wirsingblätter ebenfalls waschen und grob schneiden. Die Schalotte schälen und klein schneiden.

Das Butterschmalz erhitzen und die Schalotten darin anschwitzen. Das Fleisch beifügen und von allen Seiten anbraten. Dann den Wirsing zugeben und kurz mitbraten. Das Lorbeerblatt beifügen, mit dem Weißwein ablöschen, etwas Wasser zugeben und 20 Minuten schmoren lassen. Die Masse auskühlen lassen und fein pürieren; eventuell nochmals abschmecken.

Den Nudelteig dünn ausrollen und in zwei etwa 10 cm breite Teigstreifen teilen. Die Geflügelmasse mit einem Spritzbeutel oder einem kleinen Löffel in kleinen Häufchen im Abstand von 6 cm in der Mitte des einen Teigstreifens platzieren. Den zweiten Teigstreifen darauflegen, rund um die Füllung gut festdrücken und viereckig ausschneiden. Die Hühnerbrühe aufkochen, die Butter zugeben und etwa 3 Minuten kochen lassen, bis eine leicht sämige Sauce entsanden ist.

In der Zwischenzeit die Agnolotti in reichlich kochendem Salzwasser kurz garen, in den eingekochten Fond geben und nochmals 1 Minute ziehen lassen. Auf den Tellern anrichten und die weiße Trüffel darüberhobeln.

TAGLIOLINI CON OVOLI

FEINE NUDELN MIT KAISERLINGEN

TAGLIOLINI
Pastateig nach Grundrezept
Seite 240

300 g Kaiserlinge (Ovoli)
20 ml Hühnerbrühe
30 g Butter
1 kleine Schalotte
4 EL Olivenöl
Salz und Pfeffer aus der Mühle

Den Pastateig nach dem Grundrezept zubereiten, dünn ausrollen und in feine Nudeln schneiden. Die Nudeln auf ein mit Mehl bestäubtes Küchentuch legen.

Die Pilze mit einem Küchenpinsel vorsichtig putzen und in feine Scheiben schneiden.

Die Hühnerbrühe in einer Stielkasserolle erhitzen, die Butter zufügen und etwa 3 Minuten köcheln lassen. Die Schalotte schälen und sehr fein schneiden. Das Olivenöl in einer Pfanne erhitzen und die Pilze kurz darin anbraten. Mit Salz und Pfeffer würzen und zur reduzierten Hühnerbrühe geben.

Die Nudeln in reichlich Salzwasser 2 Minuten gar kochen. In ein Sieb abgießen, zu den Pilzen geben und das Ganze nochmals kurz erhitzen. In tiefen Tellern anrichten und nach Geschmack geriebenen Parmesan dazu servieren.

TIPP
Auf diese Weise werden im La Vigna auch Tagliolini mit Steinpilzen, Morcheln oder Pfifferlingen zubereitet – je nachdem, was gerade Saison hat und frisch auf dem Markt ist.

TAJARIN CON TARTUFO BIANCO

FEINE NUDELN MIT WEISSER TRÜFFEL

Pastateig nach Grundrezept Seite 240

¼ l Hühnerbrühe
40 g Butter
Salz
1 weiße Trüffel

Den Nudelteig nach dem Grundrezept zubereiten und ruhen lassen.

Die Hühnerbrühe erhitzen und mit der Butter auf die Hälfte einkochen.

Den Nudelteig in dünne Platten ausrollen und von Hand oder mit dem entsprechenden Aufsatz der Nudelmaschine in feine Nudeln schneiden.

Die Nudeln in reichlich kochendem Salzwasser 1 Minute garen. Abgießen, zum eingekochten Fond geben und einmal kurz durchschwenken. Auf Tellern anrichten und die Trüffel darüberhobeln.

»Lange Zeit sind wir Jahr für Jahr nach Alba gefahren, um dort frische Trüffeln für unser Restaurant einzukaufen. Dort gibt es Organisationen, die sich für die Qualität der regionalen Produkte verbürgen, Veranstaltungen ausrichten und offizielle Botschafter wählen; eine besondere Ehre, die eines Tages auch mir angetragen worden ist: Man hat mich dort zum Ritter geschlagen, aber das ist lange her …«

RISOTTO CON OVOLI

RISOTTO MIT KAISERLINGEN

Risotto nach Grundrezept
Seite 243

300 g Kaiserlinge (Ovoli)
2 EL Olivenöl
Salz und Pfeffer aus der Mühle
1 kleines Bund Kerbel

Den Risotto nach dem Grundrezept zubereiten.

Die Pilze mit einem Küchenpinsel vorsichtig säubern und in Scheiben schneiden. Das Olivenöl erhitzen und die Pilze rasch darin anbraten. Mit Salz und Pfeffer würzen. Die Pilze unter den Risotto mischen. Anrichten und mit Kerbel garnieren.

TIPP

Auf die gleiche Weise kann ein Risotto mit Steinpilzen oder Pfifferlingen zubereitet werden.

»Bringen Sie diesen feinen Pilz zum Vergleich einmal mit Pasta und einmal mit Risotto auf den Tisch. Es macht einen feinen Unterschied, und die Aromen kommen in dieser cremigen Konsistenz etwas anders heraus. Zweifellos – genial gut ist beides, also am besten: heute so, morgen so … «

QUAGLIA AL FORNO

WACHTEL AUS DEM OFEN

4 Wachteln
4 Knoblauchzehen
1 kleines Bund glatte Petersilie
20g Pinienkerne, geröstet
20g Rosinen
4 getrocknete Feigen
Salz und Pfeffer aus der Mühle
4EL Olivenöl
4 Feigenblätter
100g Lardo di Colonnata (weißer Speck)
200ml Weißwein

Den Backofen auf 180 Grad vorheizen.

Die Wachteln ausnehmen, waschen und auf Küchenpapier trocken legen. Die Knoblauchzehen schälen, halbieren und die Triebe entfernen. Die Petersilie waschen, trocknen und zupfen. Die Pinienkerne, Rosinen, Feigen, Knoblauch und Petersilie zu gleichen Teilen in den Wachteln verteilen. Die Wachteln mit Salz und Pfeffer würzen.

Das Olivenöl in einem Bräter erhitzen, die Wachteln von allen Seiten gleichmäßig anbraten und dann kurz herausnehmen. Die Feigenblätter in den Bräter legen und die Wachteln wieder daraufsetzen.

Den dünn geschnittenen Lardo di Colonnata auf den Wachteln verteilen und mit dem Weißwein übergießen. Im vorgeheizten Ofen etwa 15 Minuten garen und alle 5 Minuten mit dem eigenen Saft übergießen.

»Die Süße der Feigen passt wunderbar zu diesem zarten Geflügel, Rosinen und Pinienkerne setzen noch eins drauf, und selbst die Feigenblätter sind nicht nur bloße Zierde: Dieses Rezept trägt arabische Züge, ist eine echte Geschmacksexplosion und immer für eine Überraschung gut, wenn die Gäste etwas Offenheit und Experimentierfreude mitbringen.«

BRASATO AL BAROLO

RINDERSCHMORBRATEN MIT BAROLO

1 kg Rindfleisch aus der Keule
2 Zwiebeln
2 Karotten
¼ Sellerieknolle
1 Lorbeerblatt
1 Zweig Thymian
1 Zweig Rosmarin
ca. 10 Pfefferkörner
2 Nelken
5 Wacholderbeeren
¼ l Rotwein
Salz und Pfeffer aus der Mühle
Olivenöl
2 EL Tomatenmark
½ l Wasser

Den Backofen auf 120 Grad vorheizen.

Zwiebeln, Karotten und Sellerie schälen und würfeln. Kräuter, Gewürze und Rotwein zu dem Gemüse geben und das Rindfleisch 4–5 Tage darin einlegen.

Dann alles in ein Sieb geben und abtropfen lassen, die Marinade dabei in einem Topf auffangen.

Das Fleisch mit Pfeffer und Salz würzen und in Olivenöl von allen Seiten scharf anbraten. Anschließend das abgetropfte Gemüse und die Gewürze zugeben und mit anrösten. Das Tomatenmark beifügen, kurz mitrösten und danach mit der Rotweinmarinade ablöschen. Mit dem Wasser aufgießen und das Fleisch in einem geschlossenen Topf 2–2 ½ Stunden im Ofen weich schmoren. Eine Garprobe machen.

Das Fleisch aus dem Fond nehmen und warm halten. Die Sauce durch ein Sieb abgießen und etwa auf die Hälfte einkochen. Das Fleisch aufschneiden und mit der Sauce servieren.

TORTA CAPRESE

SCHOKOLADEN-MANDEL-TORTE

Für eine Springform von 30 cm Durchmesser

8 Eier
250 g Butter
250 g Zucker
250 g Mandeln
125 g Schokolade, geraspelt
25 g Kakao

Den Backofen auf 180 Grad vorheizen.

Die Eier trennen. Die Butter, 200 g Zucker und die Eigelbe mit dem Handrührgerät oder in der Küchenmaschine zu einer glatten Masse verarbeiten. Mandeln, Schokolade, Kakao sowie die restlichen 50 g Zucker mischen und hinzufügen.

Die Eiweiße steif schlagen und vorsichtig darunterheben.

Den Teig in eine mehlierte Springform füllen und im vorgeheizten Ofen etwa 30 Minuten backen.

»Dieser herrliche Kuchen ist eine typische Spezialität aus Capri; er ist wahrlich jede süße Sünde wert und perfekt, wenn er innen noch weich und geschmeidig, aber außen schön knusprig ist. Eine Variante ist die ›Torta Caprese al Limone‹ mit Zitronengeschmack anstelle der Schokolade.«

CROSTATINA DI FICHI CON FORMAGGIO FRESCO DI CAPRA

FEIGENTÖRTCHEN MIT ZIEGENFRISCHKÄSE

TEIG

75 g Butter
150 g Zucker
1 Ei
1 Prise Salz
Zesten von 1 unbehandelten Zitrone
225 g Mehl

BELAG

8 frische Feigen
100 g Ziegenfrischkäse
200 ml Rahm (Sahne)
60 g Zucker
1 Ei
1 TL Vanillezucker

Den Backofen auf 160 Grad vorheizen.

Für den Teig Butter, Zucker, Ei, Salz und Zitronenzesten in einer Schüssel verrühren. Das Mehl beifügen, zu einem glatten Teig verarbeiten und etwa 1 Stunde im Kühlschrank ruhen lassen.

Die Feigen schälen und achteln. Den Ziegenfrischkäse mit Rahm, Zucker, Ei und Vanillezucker gründlich verquirlen.

Den Teig dünn ausrollen, kleine Backförmchen fetten und diese mit dem Teig auslegen. Die Feigenspalten spiralförmig darauf verteilen und mit der Frischkäsecreme übergießen.
Im vorgeheizten Ofen bei Umluft je nach Größe der Förmchen etwa 25–30 Minuten backen.

TIPPS

Die noch warmen Törtchen können solo ebenso gut wie mit Vanille- oder Nusseis serviert werden.

Wer den Geschmack von Ziegenkäse nicht mag, kann auch Ricotta oder Quark verwenden.

Die Törtchen lassen sich auch gut abwandeln, zum Beispiel in Birnentörtchen mit Schokoladeneis oder Aprikosen-Ricotta-Törtchen mit Mandeleis. Man muss nur beachten, dass je nach Frucht mehr oder weniger Zucker in die Frischkäsemasse gehört.

SEMIFREDDO AL LIMONCELLO CARAMELLATO

GEBRANNTES LIMONCELLO-PARFAIT

4 unbehandelte Limetten
2 Eier
2 Eigelb
120 g Zucker
40 ml Limoncello
200 ml Rahm (Sahne)
etwas brauner Zucker
1 Orange oder Grapefruit

Die Limetten sehr dünn schälen oder die Schale in Zesten abziehen und fein hacken. Den Saft auspressen und auf etwa ein Drittel einkochen.

Eier, Eigelbe und Zucker in einer Schüssel über einem heißen Wasserbad zu einer cremigen Masse aufschlagen. Die Schüssel vom Wasserbad nehmen und die Masse kalt schlagen. Dann den Limoncello, die gehackten Limettenschalen und den eingekochten Limettensaft darunterrühren. Den Rahm steif schlagen und darunterheben.

Die Masse in eine Parfaitform füllen und etwa 8 Stunden im Tiefkühler gefrieren lassen.

Zum Anrichten das Parfait in Scheibchen aufschneiden, mit braunem Zucker bestreuen und mit einem Gasbrenner kurz abflämmen. Mit filetierten Zitrusfrüchten garnieren.

SEMIFREDDO AL TORRONE

TORRONE-HALBGEFRORENES

50 g Torrone (Honignougat)
50 g Bitterkuvertüre
2 Eier
1 EL Grappa
30 g Zucker
100 ml Rahm (Sahne)

Das Torrone und die Bitterkuvertüre fein raspeln.

Die Eier trennen. Die Eigelbe mit dem Grappa verrühren und die Torrone-Schokoladen-Raspel dazugeben. Die Eiweiße mit dem Zucker steif schlagen und vorsichtig unter die Masse heben. Die Masse in eine Parfaitform füllen und etwa 8 Stunden gefrieren lassen.

TIPP

Dieses Halbgefrorene schmeckt sehr gut auf Schokoladensauce. Mit frischen Früchten oder einfach nur mit gerösteten Haselnüssen servieren.

»Frische Feigen aus unserem Garten in Laufen; wir haben jedes Jahr eine kleine, aber sehr feine Ernte für unsere Gäste.«

Caseificio Apre
Fior di Latte

MOSTARDA DI FICHI E UVE AL TIMO

FEIGEN-TRAUBEN-MUS MIT THYMIAN

700 g frische Feigen
500 g blaue Weintrauben
4 Zweige Thymian
100 g Honig
100 g Zucker
1 EL Zitronensaft

Die Feigen waschen und würfeln; falls die Haut sehr zäh ist, schälen. Die Trauben waschen, halbieren, schälen und entkernen. Die Thymianzweige waschen und trocken tupfen.

Die Trauben mit Honig, Zucker und Zitronensaft mischen, die Thymianzweige beifügen und zum Kochen bringen. Bei mittlerer Hitze etwa 30 Minuten köcheln lassen; es muss sich dabei reichlich Saft bilden. Die gewürfelten Feigen zugeben und weitere 20 Minuten unter stetigem Rühren kochen, bis die Feigen zerfallen und ein dickliches Mus entsteht.

Die Thymianzweige entfernen, das Mus in Gläser mit Schraubdeckel füllen und sofort verschließen.

TIPP
Das Feigen-Trauben-Mus schmeckt ausgezeichnet zu sehr reifem Käse; es lässt sich gut aufbewahren und hält etwa 6–8 Monate.

»Als 12- oder 13-jährige Teenager haben wir diese samtweichen Früchte regelmäßig vom Baum des Nachbarn genascht, bis diese – eigens für uns – eines Tages mit scharfen Peperoncinis gespickt waren. Dieser letzte herzhafte Biss war das Ende der heimlichen Nascherei.«

ROCCHETTA
Formaggio affinato

WINTER

Im Winter wächst die Sehnsucht nach Wärme; das zeigt sich auch in den Speisen, die jetzt wieder üppiger und gehaltvoller werden. Es wird vermehrt geschmort, und Eintöpfe, Pfannen- und Ofengerichte dürfen gern etwas Feuer haben. Alles geht etwas langsamer zu, wir haben es nicht mehr so eilig und genießen die feinen verlockenden Düfte, die beim Kochen durch die Küche ziehen. Pasta, Geflügel, Fleisch und Fisch finden Begleiter, die unempfindlicher und auch sehr gut zu bevorraten sind. Fenchel, Rüben, Knollen- und Wurzelgemüse, Brokkoli, Artischocken, Sellerie und Kohl bringen uns vitalstoffreich durch die kälteren Tage und spielen jetzt ihre Vorzüge aus. Viele dieser Gemüsesorten sind auch roh für Salate geeignet, schmecken warm oder kalt und auch mal mit Schinken, Speck oder Parmesanhobeln ausgezeichnet. Der Tisch bleibt also reich gedeckt, und das ist gut so, denn jetzt laden wir uns die Freunde nach Hause ein.

CAROTE GLASSATE

GLASIERTE KAROTTEN

600 g Karotten
2 EL Olivenöl
20 g Butter
1 Prise Zucker
50 ml Gemüsebrühe
Salz und Pfeffer aus der Mühle

Die Karotten schälen und in kleine Stäbchen schneiden. Das Olivenöl in einer Pfanne erhitzen. Butter, Zucker und die Karottenstäbchen dazugeben und etwa 1 Minute schwenken. Die Gemüsebrühe beifügen und mit Salz und Pfeffer würzen. Die Karotten zugedeckt etwa 5 Minuten fertig garen.

TIPP

Gleichermaßen geeignet als Antipasti oder Beilage sowie als Salatersatz, mit einem Schuss Weißweinessig verfeinert.

CARCIOFI DORATI E FRITTI

GEBACKENE ARTISCHOCKEN

8 Artischocken
1 Zitrone
½ l Wasser
100 g Mehl
2 Eier
80 g Parmesan, gerieben
Salz und Pfeffer aus der Mühle
Öl zum Frittieren

Die Artischocken putzen, dabei die äußeren zähen Blätter entfernen. Den Stiel auf 5 cm kürzen und die oberen Spitzen ebenfalls abschneiden. Es sollten nur noch die ganz zarten Teile des Gemüses übrig bleiben. Den Zitronensaft auspressen und mit dem Wasser mischen. Die Artischocken achteln und in das Zitronenwasser geben.

Mehl, Eier und Parmesan zu einem Teig verrühren und diesen mit Salz und Pfeffer würzen. Das Öl auf 160 Grad erhitzen.

Die Artischocken aus dem Wasser nehmen und auf Küchenpapier trocknen. Dann die Artischocken durch den Teig ziehen und in dem heißen Frittieröl goldgelb ausbacken.

TIPP
Mit diesem Teig lassen sich auch sehr gut Zucchini, Blumenkohl oder Spargelspitzen frittieren.

Die Frische von Artischocken lässt sich am Stiel und an den Schnittstellen erkennen: Letztere sollten nicht trocken sein, und das Fleisch sollte bei leichtem Druck mit dem Fingernagel nachgeben. Achten Sie beim Kauf auch unbedingt auf braune Stellen an den Blättern – sie sollten nicht sein.

CARCIOFI STUFATI CON LARDO DI COLONNATA

GESCHMORTE ARTISCHOCKEN MIT LARDO

4 Artischocken
2 Knoblauchzehen
1 Peperoncino
1 kleines Bund glatte Petersilie
4 EL Olivenöl
4 Scheiben Lardo di Colonnata (weißer Speck)
40 ml Weißwein
40 ml Hühnerbrühe
Salz und Pfeffer aus der Mühle

Die Artischocken putzen, dabei die äußeren Blätter entfernen. Den Stiel auf 5 cm kürzen und die oberen Spitzen ebenfalls abschneiden. Es sollten nur noch die ganz zarten Teile des Gemüses übrig bleiben. Die Knoblauchzehen schälen und in Scheiben schneiden. Den Peperoncino längs aufschneiden und entkernen. Die Petersilie waschen, trocknen und zupfen.

Das Olivenöl in einen Topf geben und die ganzen Artischocken hineinlegen. Knoblauchscheiben, Peperoncino und Petersilie darüberstreuen. Weißwein und Brühe angießen, mit Salz und Pfeffer würzen, den Lardo über die Artischocken legen und zugedeckt etwa 15 Minuten dünsten.

TIPP

Schmeckt als Vorspeise mit Weißbrot ebenso gut wie als Beilage zu einer Bistecca Fiorentina.

»In Italien werden bevorzugt die grün-violetten, etwas kleineren Artischocken mit spitzeren Blättern verwendet. Man erhält sie dort üblicherweise mit ihrem langen Stiel, der bei dieser Sorte essbar ist und einen ausgezeichneten, intensiven Geschmack hat.«

»Man mag den Italienern im Allgemeinen einen Hang zu Opulenz und Üppigkeit nachsagen; für mich gilt das nur bedingt. Ich konzentriere mich gern auf das Wesentliche und verzichte auf jede Ablenkung – auf dem Teller wie auf dem Tisch.«

TALERO DI PATATE AL PARMIGIANO

PARMESAN-KARTOFFEL-TALER

600 g mehlige Kartoffeln
2 Eigelb
60 g Parmesan, gerieben
60 g Crème fraîche
80 g Maisstärke (Mondamin)
Salz und Pfeffer aus der Mühle
Olivenöl zum Anbraten

Die Kartoffeln schälen, in Salzwasser kochen und durch die Kartoffelpresse drücken. Die übrigen Zutaten hinzufügen und gut vermengen. Noch warm zu Kugeln formen und mit einem Palettenmesser flach drücken.

Olivenöl in einer Pfanne erhitzen und die Parmesan-Kartoffel-Taler darin von beiden Seiten goldbraun braten.

TIPP
Sie können die Kugeln von Hand formen, mit einem Löffel abstechen oder einfacher: mit einem Eisportionierer auf dem Blech platzieren und leicht flach drücken.

INSALATA DI CARCIOFI CON GAMBERONI ALLA BRACE

ARTISCHOCKENSALAT MIT GEBRATENEN RIESENGARNELEN

4 junge Artischocken
4 EL Zitronensaft
8 EL Olivenöl
Salz und Pfeffer aus der Mühle
1 Kopf Friséesalat
12 Riesengarnelen

Die Artischocken putzen, dabei die äußeren zähen Blätter entfernen. Den Stiel auf etwa 5 cm kürzen und die oberen Spitzen ebenfalls abschneiden. Es sollten nur noch die zarten Teile des Gemüses übrig bleiben.

Den Zitronensaft mit 6 Esslöffeln Olivenöl zu einer Marinade verrühren, diese mit Salz und Pfeffer würzen. Die Artischocken in feine Scheiben schneiden und sofort in die Marinade geben, da sie sonst braun werden.

Den Friséesalat waschen und mundgerecht zupfen; am besten nur die zarten gelben Blätter verwenden.

Die Garnelen mit Salz und Pfeffer würzen. Die restlichen 2 Esslöffel Olivenöl in einer Pfanne erhitzen und die Riesengarnelen von beiden Seiten etwa 2 Minuten anbraten.
Den Artischockensalat auf Tellern anrichten und die gebratenen Garnelen in der Mitte platzieren.

TIPP

Wer mag, kann den Salat zusätzlich mit einem Petersilien-Pesto beträufeln. Dazu reichlich Petersilie klein hacken, Salz und Pfeffer zum Würzen beigeben und mit einem satten Schuss Olivenöl fein pürieren.

RAVIOLI AL LIMONE

LIMETTEN-RICOTTA-RAVIOLI

Pastateig nach Grundrezept
Seite 240

3 unbehandelte Limetten
300 g Ricotta
1 Ei
60 g Parmesan, gerieben
2 EL Limoncello
Salz und Pfeffer aus der Mühle
40 g Butter
etwas Parmesan, gerieben

Den Pastateig nach dem Grundrezept zubereiten und ruhen lassen.

Die Limetten heiß waschen, abtrocknen und von zwei Limetten die Schale fein abreiben. Den Ricotta mit Ei, Parmesan und Limettenschale gut verrühren. Den Limoncello zugeben und mit Salz und Pfeffer abschmecken.

Den Nudelteig dünn ausrollen und in zwei etwa 10 cm breite Streifen teilen. Die Ricottamasse mit einem Spritzbeutel oder einem kleinen Löffel in kleinen Häufchen im Abstand von 6 cm in der Mitte des einen Teigstreifens platzieren. Den zweiten Teigstreifen darauflegen, rund um die Füllung gut festdrücken und schräg in Ravioli schneiden.

Die Ravioli in reichlich kochendem Salzwasser etwa 2 Minuten garen.

In der Zwischenzeit die Butter schmelzen, die Zesten der dritten Limette zugeben und die gekochten Ravioli kurz darin schwenken. Auf Tellern anrichten und mit geriebenem Parmesan servieren.

GNOCCHI ALLA ROMANA

RÖMISCHE GRIESSNOCKERL

Für eine Kasten- oder Auflaufform

2 Eier
½ l Milch
125 g Hartweizengrieß
50 g Parmesan, gerieben
Salz und Pfeffer aus der Mühle
2 EL Olivenöl

Den Backofen auf 180 Grad vorheizen.

Die Eier trennen und das Eiweiß steif schlagen.

Die Milch zum Kochen bringen. Den Hartweizengrieß langsam in die Milch einrieseln lassen und mit einem Kochlöffel etwa 2 Minuten kräftig rühren, dann vom Herd nehmen. Die Eigelbe und die Hälfte des Parmesans dazugeben, mit Salz und Pfeffer würzen und den Eischnee darunterheben. Die Masse in eine nass ausgespülte, nicht gefettete Form geben und etwa 2 cm hoch ausstreichen. Den restlichen Parmesan gleichmäßig darüberstreuen und erkalten lassen.

Ein Backblech mit Olivenöl bestreichen. Aus der erkalteten und fest gewordenen Grießmasse mit einem Glas Halbmonde ausstechen und diese mit etwas Abstand auf das Blech setzen. Im vorgeheizten Ofen bei Umluft etwa 15 Minuten überbacken.

RAVIOLI AL BRANZINO E LIMONE

WOLFSBARSCH-RAVIOLI IN LIMETTENBUTTER

Pastateig nach Grundrezept
Seite 240

400 g Wolfsbarschfilet
Salz aus der Mühle
1 Prise Cayennepfeffer
150 ml Rahm (Sahne)
1 unbehandelte Limette
100 ml Fischfond
40 g Butter
2 EL Olivenöl

Den Pastateig nach dem Grundrezept zubereiten und ruhen lassen.

Aus den Wolfsbarschfilets vier schöne Mittelstücke herausschneiden und beiseitelegen. Den übrigen Fisch enthäuten, entgräten und in Würfel schneiden. Dann im Mixer oder Cutter mit Salz,
Cayennepfeffer und dem kalten Rahm etwa 2 Minuten pürieren.

Den Pastateig dünn ausrollen und in zwei etwa 10 cm breite Streifen schneiden. Die Fischmasse mit dem Spritzbeutel oder einem kleinen Löffel in kleinen Häufchen im Abstand von 6 cm jeweils in die Mitte eines der Teigstreifen setzen. Den zweiten Teigstreifen darauflegen, rund um die Füllung gut festdrücken und runde Ravioli ausstechen.

Die Limettenschale mit einem Zestenreißer abziehen und den Saft auspressen. Den Fischfond erhitzen, die kalte Butter zugeben und etwa 2 Minuten kochen lassen. Dann den Limettensaft beifügen.

Die Ravioli in reichlich kochendem Salzwasser etwa 2 Minuten garen.

In der Zwischenzeit das Olivenöl erhitzen und den Wolfsbarsch auf der Hautseite etwa 2 Minuten anbraten.

Die Ravioli aus dem Wasser heben, in den Fischsud geben und mit der Sauce auf die Teller verteilen. Den gebratenen Wolfsbarsch daraufsetzen und mit der Limettenschale garnieren.

BRANZINO ALLA LIGURE

WOLFSBARSCH AUF LIGURISCHE ART

800 g Wolfsbarsch
4 Artischocken
1 Zitrone
½ l Wasser
100 ml Olivenöl
Salz und Pfeffer aus der Mühle
10 g Pinienkerne, geröstet
40 g Taggiasca-Oliven
100 ml Fischfond
1 kleines Bund glatte Petersilie, gezupft

Den Backofen auf 180 Grad vorheizen.

Den Wolfsbarsch in vier gleich große Stücke schneiden.

Die Artischocken putzen, dabei die äußeren zähen Blätter entfernen. Den Stiel bis auf etwa 5 cm kürzen und die oberen Spitzen ebenfalls abschneiden; es sollten nur noch die zarten Teile des Gemüses übrig bleiben. Den Zitronensaft auspressen und mit dem Wasser mischen. Die Artischocken achteln und, damit sie sich nicht braun verfärben, in das Zitronenwasser geben.

Die Hälfte des Olivenöls erhitzen, die Artischocken dazugeben, mit Salz und Pfeffer würzen und zugedeckt etwa 3 Minuten dünsten.

Das restliche Olivenöl in eine weite Pfanne geben und den Fisch hineinlegen. Die gedünsteten Artischocken, Pinienkerne und Oliven, den Fischfond und die Petersilie darüber verteilen. Im vorgeheizten Ofen je nach Dicke der Fischstücke etwa 6–8 Minuten garen; dabei ab und zu mit dem eigenen Fond übergießen.

Vor dem Anrichten den Fisch nochmals mit Salz und Pfeffer würzen und mit Weißbrot oder Kartoffeln servieren.

GAMBERONI SU CARPACCIO DI CEDRO

GEBRATENE RIESENGARNELEN AUF ZITRONEN-CARPACCIO

12 Riesengarnelen
(Gamberoni)
Salz und Pfeffer aus der Mühle
1 Zitronatzitrone (Cedro)
1 Bund Rucola
1 EL Puderzucker
1 Zitrone, Saft
200 ml Olivenöl

Die Riesengarnelen aus der Schale brechen, am Rücken längs aufschneiden und den Darmfaden entfernen. Die Garnelen waschen und auf Küchenpapier trocken tupfen.

Die Zitronatzitrone waschen und mit der Aufschnittmaschine in sehr dünne, feine Scheiben schneiden. Den Rucola waschen und auf Küchenpapier trocknen.

Für die Marinade den Puderzucker mit Zitronensaft und etwas Salz verrühren, 100 ml Olivenöl zugeben und mit Pfeffer abschmecken.

Die Zitronenscheiben flach auslegen, mit der Marinade beträufeln und 15 Minuten ziehen lassen.

Die Riesengarnelen mit Salz und Pfeffer würzen. Die restlichen 100 ml Olivenöl in einer Pfanne erhitzen und die Garnelen darin von beiden Seiten jeweils 2 Minuten anbraten.

Zum Anrichten die Zitronenscheiben spiralförmig auf die Teller legen, den Rucola darüber verteilen und die noch warmen Gamberoni daraufsetzen.

MERLUZZO ALL'OLIO E LIMONE E TALERO DI PATATE AL LIMONE

KABELJAU IN OLIVENÖL UND ZITRONE MIT KARTOFFEL-ZITRONEN-TALER

KARTOFFELTALER
600 g mehlige Kartoffeln
½ unbehandelte Zitrone
2 Eigelb
60 g Parmesan, gerieben
60 g Crème fraîche
80 g Maisstärke (Mondamin)
Salz und Pfeffer aus der Mühle
etwas Olivenöl zum Anbraten

FISCHGERICHT
800 g Kabeljau
½ l Fischfond
100 ml Weißwein
Salz und Pfeffer aus der Mühle
20 g Butter
4 EL Olivenöl
2 Zitronen, Saft

Die Kartoffeln schälen, in Salzwasser weich kochen und durch die Kartoffelpresse drücken.

Inzwischen die Zitrone gut waschen, abtrocknen und von der Schale Zesten abziehen. Die Zesten mit den übrigen Zutaten zur Kartoffelmasse geben und gut vermengen. Noch warm zu Kugeln formen und mit einem Palettenmesser flach drücken.

Olivenöl in einer Pfanne erhitzen und die Kartoffeltaler von beiden Seiten darin goldbraun braten.

Den Kabeljau in vier möglichst gleichmäßig große Stücke schneiden.

Den Fischfond zusammen mit dem Weißwein erhitzen, mit Salz und Pfeffer abschmecken. Die Fischstücke in den Fond legen und je nach Dicke etwa 8–10 Minuten darin ziehen lassen. Die Hälfte des Fischfonds in einen Topf abgießen und mit der Butter und dem Olivenöl 1 Minute kochen lassen. Dann den Zitronensaft beifügen.

Den Kabeljau vorsichtig aus dem Fond heben und kurz auf Küchenpapier abtropfen lassen. Dann auf Tellern anrichten und die Zitronensauce angießen.

QUAGLIA ARROSTITA CON RISOTTO AI SPINACI

GEBRATENE WACHTEL AUF SPINAT-RISOTTO

Risotto nach Grundrezept Seite 243

4 Wachteln
Salz und Pfeffer aus der Mühle
3 EL Olivenöl
200 g frischer Spinat
1 Schalotte
200 ml Hühnerbrühe
50 g Butter
50 g Parmesan, gerieben

Den Backofen auf 180 Grad vorheizen.

Den Risotto nach dem Grundrezept zubereiten.

Die Wachteln entbeinen, waschen und auf Küchenpapier trocken tupfen. Mit Salz und Pfeffer würzen. 2 Esslöffel Olivenöl in einer Pfanne erhitzen und die Wachteln von beiden Seiten je 2 Minuten anbraten. Dann im vorgeheizten Ofen etwa 10 Minuten durchgaren.

Den Spinat verlesen, von groben Stielen befreien und waschen; in kochendem Wasser blanchieren und gut abtropfen lassen. Die Schalotte schälen und fein hacken.

Den Spinat grob hacken. 1 Esslöffel Olivenöl erhitzen, die gehackte Schalotte darin glasig dünsten. Den Spinat beifügen und zugedeckt etwa 1 Minute garen.

Die Hühnerbrühe in einem Topf erhitzen, den Risotto und den Spinat beifügen und so lange rühren, bis die Flüssigkeit vollständig eingekocht ist. Abschließend die Butter und den Parmesan darunterrühren.

» Wachteln sind die einzigen Zugvögel unter den Hühnervögeln; sie ziehen im Herbst Richtung Süden. Als heranwachsende Jungen haben wir die possierlichen Tiere geschossen, das ist heute nicht mehr erlaubt und würde mir auch gar nicht mehr einfallen … «

PICCIONE E TARTUFO NERO

TAUBE MIT SCHWARZER TRÜFFEL

4 Tauben
Salz und Pfeffer aus der Mühle
60 ml Olivenöl
1 kleine Schalotte
200 ml Geflügeljus
100 ml Rotwein
20 g Butter
Risotto nach Grundrezept Seite 243
20 g schwarze Trüffel

Den Backofen auf 180 vorheizen.

Die Tauben entbeinen, waschen und auf Küchenpapier trocknen. Mit Salz und Pfeffer würzen.

Etwa 4 Esslöffel Olivenöl in einer Pfanne erhitzen und die Tauben von allen Seiten gut anbraten, dann im vorgeheizten Ofen 10 Minuten fertig garen.

Die Schalotte schälen, fein hacken und im restlichen Olivenöl anschwitzen. Geflügeljus und Rotwein zugeben und auf ein Drittel einkochen. Die Sauce durch ein Sieb gießen, die kalte Butter dazugeben und nochmals kurz aufkochen lassen.

Den Risotto nach dem Grundrezept zubereiten, auf Teller verteilen, die Tauben daraufsetzen und die schwarze Trüffel darüberhobeln.

TIPP
Dazu passt perfekt ein Glas Barolo oder Brunello.

OSSOBUCO ALLA MILANESE

GESCHMORTE KALBSHAXEN-SCHEIBEN

1 Zwiebel
2 Karotten
¼ Knollensellerie
4 Tomaten
100 ml Olivenöl
4 Scheiben von der Kalbshaxe
Salz und Pfeffer aus der Mühle
1 EL Mehl
1 Lorbeerblatt
100 ml Weißwein
1 EL Tomatenmark
1 l Kalbsfond

GREMOLATA

1 Stängel glatte Petersilie
1 Knoblauchzehe
½ Zitrone, abgeriebene Schale
2 Salbeiblätter

Den Backofen auf 180 Grad vorheizen.

Zwiebel, Karotten und Sellerie schälen und in kleine Würfel schneiden. Die Tomaten mit kochendem Wasser überbrühen und häuten, entkernen und ebenfalls in kleine Würfel schneiden.

Etwas Olivenöl in einem Bräter erhitzen. Die Kalbshaxen mit Salz und Pfeffer würzen, kurz in Mehl wenden und das überschüssige Mehl abschütteln. Das Fleisch von beiden Seiten etwa 2 Minuten anbraten und wieder herausnehmen.

Nun das klein geschnittene Gemüse (bis auf die Tomatenwürfel) zusammen mit dem Lorbeerblatt darin anrösten. Mit dem Weißwein ablöschen und die Flüssigkeit etwas einkochen. Das Tomatenmark zugeben und nochmals kurz rösten. Mit dem Kalbsfond aufgießen, die Kalbshaxen wieder hineinlegen und zugedeckt etwa 50 Minuten im Backofen schmoren lassen. Nach der Hälfte der Garzeit die gewürfelten Tomaten zugeben.

In der Zwischenzeit die Petersilienblätter abzupfen, den Knoblauch schälen und den Trieb entfernen. Beides zusammen mit der Zitronenschale und den Salbeiblättern fein hacken. Diese Gremolata beim Anrichten über die geschmorten Kalbshaxen streuen.

CREMA DI LIMONE E CIOCCOLATO BIANCO CON AGRUMI

TIMBALE VON ZITRONE UND WEISSER SCHOKOLADE MIT MARINIERTEN ZITRUSFRÜCHTEN

TIMBALES

100 g weiße Kuvertüre
2 Blatt Gelatine
80 ml Milch
20 g Zucker
3 Eigelb
60 ml Zitronensaft
100 ml Rahm (Sahne)

2 Orangen
2 Grapefruits
200 ml frisch gepresster Orangensaft
1 EL Maisstärke (Mondamin)
30 g Puderzucker

Die Kuvertüre hacken und die Gelatine in kaltem Wasser einweichen.

Die Milch mit dem Zucker erhitzen, die Kuvertüre hineingeben und unter Rühren schmelzen lassen. Die eingeweichte Gelatine ausdrücken und in der warmen Milchmischung auflösen. Dann die Eigelbe und den Zitronensaft einrühren und die Masse erkalten lassen. Den Rahm steif schlagen und unter die kalte Masse heben, dann diese in kleine Metallförmchen abfüllen und etwa 4 Stunden kalt stellen.

Orangen und Grapefruits filetieren. 2 EL Orangensaft mit der Maisstärke verrühren. Den restlichen Orangensaft mit dem Puderzucker aufkochen und mit der angerührten Maisstärke binden. Den Orangensaft etwa 1 Minute kochen lassen, dann durch ein Sieb abgießen und erkalten lassen. Die Früchtefilets in der Orangensauce marinieren.

Die Timbales auf Teller stürzen, mit den Früchten und eventuell mit Zitronenzesten garnieren.

TIPP

Nach Belieben die Orangensauce mit Limoncello verfeinern.

TIRAMISÙ AL MOSCATO

MOSCATO-TIRAMISU

BISKUIT
4 Eier
120 g Zucker
80 g Mehl
40 g Speisestärke
60 g flüssige Butter

250 g Mascarpone
100 g Puderzucker
¼ l Rahm (Sahne)
½ l Moscato d'Asti
20 g Puderzucker zum Bestäuben

Den Backofen auf 180 Grad vorheizen.

Die Eier und den Zucker über einem warmen Wasserbad schaumig schlagen. Vom Wasserbad nehmen und kalt schlagen. Mehl und Speisestärke mischen, auf die Eiermasse sieben und vorsichtig darunterheben. Danach die flüssige Butter darunterrühren. Dünn auf einem mit Backpapier belegten Blech ausstreichen und im Ofen 15–20 Minuten backen. Anschließend vierteln, sodass sich vier gleich große Platten ergeben.

Den Mascarpone glatt rühren. Den Puderzucker darübersieben und nochmals verrühren. Den Rahm steif schlagen und darunterheben.

Die erste Biskuitplatte in eine Form passender Größe legen und mit dem Moscato beträufeln. Ein Drittel der Mascarponemasse daraufgeben und glatt streichen. Diesen Vorgang noch zweimal wiederholen, sodass drei Schichten entstehen. Dann mit der vierten Biskuitplatte abdecken, den restlichen Dessertwein darauf verteilen und mit dem Puderzucker bestäuben.

CANTUCCINI

TOSKANISCHES MANDELGEBÄCK

500g Mehl
3 Eier
1 unbehandelte Orange
1 unbehandelte Zitrone
250g Zucker
2 EL Vin Santo
25g Anissamen
1 Prise Salz
1 TL Backpulver
50g Butter
1 EL Schweineschmalz
200g ganze Mandeln

Den Backofen auf 160 Grad vorheizen.

Das Mehl in eine Rührschüssel geben. Die Eier verquirlen. Zitrone und Orange gut waschen und die Schale abreiben, die Orange auspressen. Die verquirlten Eier mit Zucker, Zitronen- und Orangenschale, 2 Esslöffeln Orangensaft und allen weiteren Zutaten bis auf die Mandeln zum Mehl geben. Mit den Knethaken des Handrührgeräts zuerst auf niedrigster Stufe, dann auf höchster Stufe den Teig durchkneten.

Den Teig auf der Arbeitsfläche von Hand zu einem glatten Teig verarbeiten. Die Mandeln darunterkneten. Den Teig zu fünf gleich großen Rollen formen und nebeneinander auf ein mit Backpapier ausgelegtes Backblech legen.

Im vorgeheizten Ofen bei Umluft 30 Minuten backen. Herausnehmen und die Rollen noch heiß schräg in etwa 2cm dicke Scheiben schneiden.

TIPP
Ein wunderbares Gebäck, das – trocken gelagert – sehr lange aufbewahrt werden kann.

»In Italien gehören Cantuccini und Vin Santo fast untrennbar zusammen und werden traditionell nach dem Essen gereicht. Das Mandelgebäck in den heiligen Dessertwein eintauchen und alle Sünden vergessen – mmmh.«

»Biskuit – ein wahr gewordener Traum aus Eischnee, Eigelb, Zucker und Mehl.«

DELIZIA AL LIMONE

ZITRONENTRAUM

BISKUIT

4 Eier
120 g Zucker
80 g Mehl
40 g Speisestärke
60 g flüssige Butter

3 unbehandelte Zitronen
½ l Milch
4 Eigelb
180 g Zucker
60 g Mehl
30 g Butter
100 ml Limoncello (siehe Seite 232)
100 ml Läuterzucker (Zuckersirup)
1 Orange
1 rosa Grapefruit
¼ l Rahm (Sahne)

Den Backofen auf 180 Grad vorheizen.

Die Eier und den Zucker über einem warmen Wasserbad schaumig schlagen. Vom Wasserbad nehmen und kalt schlagen. Mehl und Speisestärke mischen, auf die Eiermasse sieben und vorsichtig darunterheben. Danach die flüssige Butter darunterrühren. In die Kuppelförmchen geben und im vorgeheizten Ofen etwa 15–20 Minuten backen.

Eine Zitrone dünn schälen und die Milch mit der Zitronenschale aufkochen. Die Schale wieder aus der Milch entfernen. Die Eigelbe mit dem Zucker und dem Mehl schaumig rühren. Die kochende Milch unter ständigem Rühren zu der Eiermasse geben. Das Ganze dann wieder zurück in den Topf geben und unter Rühren nochmals 1 Minute kochen lassen. Noch warm durch ein Haarsieb streichen, die Butter darunterrühren und erkalten lassen.

Von einer weiteren Zitrone Zesten abziehen und dann alle Früchte auspressen. Die Hälfte des Zitronensafts und des Limoncello mit dem Läuterzucker mischen und in eine flache Schüssel geben. Die Biskuitkuppeln darin tränken und wenden, damit sie die Flüssigkeit gut aufnehmen.

Orange und Grapefruit filetieren. Den restlichen Limoncello mit dem restlichen Zitronensaft mischen und unter die erkaltete Creme rühren. Den Rahm steif schlagen und darunterheben. Die getränkten Biskuitkuppeln mit der Zitrus-Rahm-Creme überziehen und mit den Zesten und Früchten ausgarnieren.

LIMONCELLO
ZITRONENLIKÖR

4 große unbehandelte Zitronen, am besten von der Amalfiküste
½ l reiner Alkohol (95 Vol.-%)
500 g Zucker
600 ml Wasser

Die Zitronen sehr heiß waschen und abtrocknen. Die gelbe Schale dünn abschälen, mit dem Alkohol mischen und 5 Tage zugedeckt ziehen lassen.

Den Zucker mit dem Wasser zum Kochen bringen und etwa 2 Minuten kochen lassen. Die Zitronenschalen aus dem Alkohol nehmen, zum Zuckersirup geben und nochmals 1–2 Tage ziehen lassen.

Die Schalen dann wieder entfernen, den Alkohol und den Sirup mischen, in Flaschen abfüllen und kühl lagern.

TIPP
Ein wunderbarer Aperitif! Es lohnt sich, im Winter reichlich davon anzusetzen, um ihn im Sommer hübsch verpackt zu verschenken oder eisgekühlt selbst zu genießen.

»Länglich-oval und mittelgroß, dick und gelb wie die Sommersonne – so ist die ›Limone Femminello di Sorrento‹ oder auch ›Limone sfusato‹ zu beschreiben. Sie ist mit den Arabern nach Sizilien gekommen, und es wurde ihr sogar eine heilende Wirkung zugesprochen. Wir glauben das gerne, nicht allein wegen der Vitamine …«

»Viele italienische Spirituosen sind heute weltweit bekannt; nahezu jede Region hat eine eigene Spezialität hervorgebracht und pflegt diese Tradition bis heute. Der Trend geht zu hochwertiger Qualität, das zeigt sich vor allem beim Grappa: Alla salute!«

GRUNDREZEPTE

PASTATEIG

200 g Mehl
100 g sehr fein gemahlener Hartweizengrieß (Semolino)
2 Eier
1 Eigelb
1 EL Olivenöl
Salz

Alle Zutaten zu einem sehr festen Teig verkneten und falls nötig noch etwas Wasser hinzufügen. Den Teig in Frischhaltefolie einwickeln und etwa 30 Minuten ruhen lassen.

Nach diesem Rezept werden im La Vigna sämtliche Nudeln und Ravioli zubereitet. Der Pastateig kann mit Sepiatinte, Spinat, Karotten oder Tomaten eingefärbt werden, der Grundteig braucht dann aber weniger Flüssigkeit.

TOMATENSUGO

1 Zwiebel, gewürfelt
Olivenöl
1 Karotte, geschält, gewürfelt
¼ Knollensellerie, geschält, gewürfelt
2 EL Tomatenmark
1 kg sehr reife Tomaten, fein gewürfelt
1 Prise Zucker
Salz und Pfeffer aus der Mühle

Die Zwiebel in etwas Olivenöl anschwitzen, die Karotten- und Selleriewürfel zugeben und mit andünsten. Das Tomatenmark und die Tomatenwürfel beifügen und gut verrühren. Mit Zucker, Salz und Pfeffer würzen und etwa 20 Minuten bei niedriger Hitze köcheln lassen. Abschließend alles durch ein Sieb streichen und nochmals abschmecken.

TIPP
Dieser köstlich-fruchtige Tomatensugo ist typisch für die Küche des Südens. Sie können ihn sehr gut auf Vorrat in größeren Mengen zubereiten, in saubere Gläser mit Schraubdeckel füllen und an einem kühlen Ort aufbewahren.

TOMATENSUGO

RISOTTO

1 l Hühner- oder Gemüsebrühe
1 Schalotte
4 EL Olivenöl
400 g Rundkornreis
(z. B. Arborio oder Carnaroli)
100 ml Weißwein
50 g Butter
50 g Parmesan, gerieben

Die Brühe erhitzen.

Die Schalotte schälen, sehr fein würfeln und im Olivenöl anschwitzen. Den Reis zugeben und leicht glasig dünsten. Den Weißwein angießen, diesen verdampfen lassen und anschließend mit 700 ml heißer Brühe auffüllen. Etwa 15 Minuten ohne Rühren köcheln lassen, bis die Flüssigkeit vollständig eingekocht ist. Dann die restliche Brühe unter stetigem Rühren beifügen, bis der Reis bissfest durchgegart ist.

Falls nötig nochmals etwas heiße Brühe zugeben, dann muss allerdings weiter gerührt werden. Zum Schluss die Butter und den Parmesan einrühren.

PARFÜMIERTE OLIVENÖLE

LIMETTENÖL

¼ l sehr gutes Olivenöl
3 unbehandelte Limetten

Die Limetten waschen, trocknen und die Schale in feinen Streifen abziehen. In eine Flasche geben, mit dem Olivenöl auffüllen und 10 Tage ziehen lassen.

LORBEER-OLIVENÖL

¼ l sehr gutes Olivenöl
10 frische Lorbeerblätter

Die Lorbeerblätter waschen und gut trocknen. In eine Flasche geben, mit dem Olivenöl aufgießen und 10 Tage ziehen lassen.

BASILIKUMBLÜTEN-ÖL

¼ l sehr gutes Olivenöl
2 EL Basilikumblüten

Das Basilikum vollständig am Stock ausblühen lassen; je trockener es ist, umso besser. Die Basilikumblüten von den Stängeln abrubbeln, in eine Flasche füllen, mit dem Olivenöl auffüllen und 10 Tage ziehen lassen.

TIPP
Auf diese Weise lässt sich auch sehr gut ein Thymian- oder Rosmarinöl herstellen.

DRESSINGS

ZITRONEN-DRESSING

80 ml Zitronensaft
200 ml Olivenöl
Salz und Pfeffer aus der Mühle

Alle Zutaten in eine Flasche füllen und gut schütteln, damit sich das Öl mit dem Zitronensaft verbindet.

BALSAMICO-WEISSWEIN-DRESSING

40 ml Balsamico
40 ml Weißwein
200 ml Olivenöl
Salz und Pfeffer aus der Mühle

Balsamico, Weißwein und Olivenöl in einer Schüssel gut verrühren, mit Salz und Pfeffer abschmecken.

GRAPEFRUIT-DRESSING

800 ml frisch gepresster Grapefruitsaft
200 ml Olivenöl
Salz und Pfeffer aus der Mühle

Den Fruchtsaft mit dem Olivenöl mischen und mit Salz und Pfeffer abschmecken.

BALSAMICO-DRESSING

40 ml Balsamico
80 ml Olivenöl
Salz und Pfeffer aus der Mühle

Das Olivenöl vorsichtig mit dem Balsamico mischen, so dass das Öl noch erkennbar ist. Mit Salz und Pfeffer abschmecken.

Diese Dressings sind einige Tage gut haltbar und können so auch auf Vorrat immer in der Küche bereitstehen.

VASETTI DI POMODORI SAN MARZANO

SAN-MARZANO-TOMATEN IM GLAS

2 GLÄSER À 260 ML
1 kg reife
San-Marzano-Tomaten
1 kleines Bund Basilikum
20 g Salz

Die Tomaten kurz in heißem Wasser aufkochen, dann in kaltem Eiswasser abschrecken und häuten. Die Früchte vierteln, den Strunk und die Kerne entfernen. Das Basilikum zupfen.

Die Tomatenstücke aufrecht in Einmachgläser stellen, das Basilikum zugeben und mit dem Salz bestreuen. Die Gläser fest verschließen und bei 75 Grad im Backofen etwa 25 Minuten sterilisieren.

TIPP
Die im Sommer eingemachten reifen Tomaten sind ein hervorragender Vorrat für den Winter und eignen sich für Bruschette und vieles mehr.

»Die zartfleischige San-Marzano-Tomate entwickelt ihren unverwechselbaren Geschmack erst richtig, wenn sie eingekocht oder konserviert wird. So verlängert sie den Sommer über die Saison hinaus mit ihrem fruchtig-aromatischen Charakter, und wir machen reichlich Gebrauch davon …«

ZUCCHINI SOTT'OLIO

IN OLIVENÖL EINGELEGTE ZUCCHINI

FÜR CA. 600 ML INHALT

750 g Zucchini
400 ml Weinessig
Salz
3 Knoblauchzehen
1 getrocknete Peperoncini
1 Zweig Thymian
1 Zweig Rosmarin
250 ml Olivenöl

Die Zucchini waschen und in kleine Streifen schneiden. Den Essig mit der gleichen Menge Wasser und 1 Esslöffel Salz verrühren, die Zucchini zugeben und gut mischen. Zugedeckt etwa 12 Stunden ruhen lassen. Dann die Zucchini in einem Sieb gut abtropfen lassen und in einem sauberen Küchentuch gründlich ausdrücken.

Den Knoblauch schälen, halbieren und die Triebe entfernen. Die Peperoncini halbieren und entkernen. Thymian- und Rosmarinzweig waschen und trocken tupfen.

Die Zucchini mit der Hälfte des Olivenöls mischen und in ein sauberes Glas füllen. Die Kräuterzweige, den Peperoncino und den Knoblauch dazwischen verteilen. Mit dem restlichen Olivenöl aufgießen, bis das Gemüse vollständig bedeckt ist. Fest verschlossen kühl stellen, aber nicht im Kühlschrank aufbewahren.

Die eingelegten Zucchini halten sich so gut 6–8 Monate.

TIPP

Auf diese einfache Weise lassen sich auch Auberginen, Bohnen, Blumenkohl, Zwiebeln oder Pilze konservieren und schmackhaft veredeln.

REZEPTVERZEICHNIS
NACH ITALIENISCHEN BEZEICHNUNGEN

DESSERTS

REZEPTVERZEICHNIS
NACH DEUTSCHEN BEZEICHNUNGEN

DESSERTS

GRUNDREZEPTE

Grazie!
Ein kleines Wörtchen nur, doch reicht es weit und fasst sehr viel in sich; an dieser Stelle hat es unermessliches Gewicht für mich. Mit diesem Buchprojekt habe ich mich auf eine Entdeckungsreise durch meine eigene Küche begeben und dabei vieles neu sehen gelernt. Der Gedankenaustausch mit anderen, die lebendigen Gespräche und das intensive Miteinander sein haben zu einem häufigen Wechsel der Perspektive geführt, der mir viel gegeben und meine Sicht auf die Dinge bereichert hat. Ein großer Dank dafür gebührt Michael Wissing, unserem La Vigna Team und meiner Familie. Michael für seine so wache Beobachtungsgabe und Wahrnehmung, die uns den Blick unbemerkt auf das Wesentliche lenkt. Unserem Team für die geteilte Schaffensfreude und das blinde Verständnis, mit dem in Küche und Restaurant alles Hand in Hand geht. Meinem Schwager Thomas Schmeisser für die beseelte Zusammenarbeit und die versöhnliche Aussicht, in dir eines Tages einen persönlich vertrauten Nachfolger zu haben. Meiner Tochter Diana für ihre spürbare Leidenschaft und Teilhabe an unserem Lebenswerk – und deinem Ralph für die Nachsicht und die Großzügigkeit, mit der er all dies mit uns trägt und ausfüllt. Und ohne Frage, mein größter Dank an dich, Elfriede, für das gute Gefühl, an deiner Seite genau am richtigen Platz, komplett und sinnerfüllt zu sein.

www.restaurant-la-vigna.de

AT Verlag, Aarau und München
Fotos: Michael Wissing BFF, Winden
Fotoassistenz: Yasemin aus dem Kahmen
Postproduktion: Joss Andres
Bildredaktion, Gestaltung und Satz: Sanna Andrée-Müller, Freiburg i. Br.
Texte: Ute Battig, Freiburg i. Br.
Lektorat: Asta Machat, München
Bildaufbereitung: Vogt-Schild Druck, Derendingen
Druck und Bindearbeiten: Printer Trento, Trento
Printed in Italy

ISBN 978-3-03800-723-4

www.at-verlag.ch